Elmar Engel
Tecumseh und die Shawnee

Elmar Engel

Tecumseh und die Shawnee

Lamuv Taschenbuch 190

Bitte fordern Sie unser kostenloses Gesamtverzeichnis an:
Lamuv Verlag, Postfach 26 05, D-37016 Göttingen

Das Papier des Buchblocks besteht zu 80 Prozent aus Altpapier, zu 20 Prozent aus Holzschliff von Durchforstungsholz aus nachhaltiger Forstwirtschaft. Es enthält keine Färbung oder optische Aufheller.

1. Auflage 1996
Originalausgabe

Umschlaggestaltung: Gerhard Steidl
unter Verwendung eines Bildes von Robert Lindneux,
Woolaroc Museum, Bartlesville, Oklahoma
Abbildungen: Archiv Brigitte und Elmar Engel
Gesamtherstellung: Steidl, Göttingen
Printed in Germany
ISBN 3-88977-437-7

Inhalt

Die Stämme zwischen Appalachen und Mississippi

Tecumseh wurde im Jahr 1768 in der Nähe des heutigen Dayton im US-Bundesstaat Ohio in den weiten und tiefen Wäldern zwischen den Appalachen und dem Mississippi geboren. Damals lebten an die 30 Eingeborenen-Gruppierungen in diesem gewaltigen Raum. Die wichtigsten waren die Irokesen, die algonquinischen Menominee, die Potawatomi, die Ojibwa, auch Chippewa genannt, die Ottawa und die Wyandot. Sie alle lebten im Bereich der Großen Seen.

Südlich davon - bis hinein in das Ohio-Tal und darüber hinaus - lagen die Siedlungsgebiete der ebenfalls zur Sprachfamilie der Algonquin gehörenden Kikapoo, Miami, Delaware und Shawnee. Zwischen all diesen Stämmen hatten sich die Mingo angesiedelt - ein Konglomerat der verschiedensten, zumeist ebenfalls algonquinischen Stämme, die sich unter diesem Namen zu einer eigenen Einheit formiert hatten.

In diesem Flickenteppich der algonquin-sprechenden Nationen behaupteten sich die der siouanischen Sprachgruppe angehörenden Winnebago.

Weit südlich abgesetzt, im wesentlichen im heutigen Tennessee, Georgia, Alabama und Florida, war die Heimat der sogenannten »Fünf zivilisierten Nationen«, der Cherokee, der Creek, der Choctaw, der Chicasaw und der Seminole. Zivilisiert waren sie aus der Sicht der Weißen, weil sie deren Kultur mit ihrer eigenen in eine gewisse Harmonie und Einklang gebracht hatten. Sie besaßen

Häuser, Farmen, Vieh – und schwarze Sklaven! Sie waren zum Teil bereits zum Christentum übergetreten.

Insgesamt, so lauten die Schätzungen, waren es nur etwa 125 000 Eingeborene, die in einem mehr als einer Million Quadratkilometer großen Raum lebten.

All diese Stämme waren seit Generationen auf einer ständigen, wenn auch sehr langsamen Wanderschaft. Einige, wie die Delaware, waren durch den Druck der weißen Siedler vom Westen her in diesen Raum ausgewichen, andere wurden von mächtigeren und kriegerischen Gruppierungen verdrängt. Untereinander bestand ein stetiger, gewollter Austausch, eine durch Heirat oder durch Gefangennahme erzwungene Menschenfluktuation von einem Stamm zum anderen.

Zeitweilig existierten enge Allianzen ebenso wie latente, kriegerische Übergriffe zwischen den einzelnen Gruppen. Es gab keine klaren Grenzen zwischen den Algonquin sprechenden Stämmen zwischen dem Ohio und den Großen Seen.

Bemerkenswert ist, daß es in einem breiten Gürtel vom heutigen Kentucky bis hinüber in die beiden Virginias überhaupt keine ständige Besiedlung durch die Indianer gab. Es scheint, daß diese Region einerseits als Pufferzone, andererseits als Wildreservat behandelt und nur zu gelegentlichen Jagdexpeditionen oder zu kriegerischen Auseinandersetzungen genutzt wurde.

Eine besonders farbige Rolle in diesem scheinbar unendlichen Waldland spielten Tecumsehs Stammesbrüder und -schwestern, die Shawnee. Sie waren die ewig Unruhigen, die Rastlosen, die Nomadisierenden. Es hielt sie nur eine gewisse Zeit an einem bestimmten Ort, dann zogen sie weiter. Sie galten als besonders kriegerisch und raublustig. Während der relativ kurzen Zeiten ihrer Seßhaftigkeit suchten die in ihrer Nachbarschaft lebenden Stämme ihre Freundschaft und Unterstützung. Oder sie luden die Shawnee ein, auf ihrem Territorium zu siedeln. Sie versuchten, sie als Verbündete zu gewinnen, sich ihrer Freundschaft zu versichern, um sich mit ihrer Hilfe erfolgreicher gegen die Übergriffe ihrer Gegner wehren zu können. Ein weiterer Grund war, daß die Gastvölker sich durch die Unterstützung der Shawnee bei ihren eigenen Kriegszügen mehr Erfolg und eine größere Beute versprachen.

*

Schon vor der Ankunft der Weißen waren die Waldindianer weit davon entfernt, im Rousseauschen Sinne »edle Wilde« oder unschuldige Naturkinder zu sein. Eine ungebärdige, manchmal reich beschenkende, manchmal auch verweigernde und brutale Natur, Instinkte und »typisch menschliche« Verhaltensweisen bestimmten im Guten wie im Bösen ihr Tun und Trachten.

Die Menschen, die wir als Rothäute bezeichnen, waren ganz gewiß nicht auf duftenden Rosenblättern gebettet. Sie genossen ihre kleinen und großen Freuden und erduldeten ihre Schmerzen. Doch im Gegensatz zu uns sahen sie in ihrem Tun einen Sinn und lebten trotz aller Mühen und Gefahren in einem Zustand von Unabhängigkeit und Selbstverwirklichung, von dem wir heute nur noch träumen können.

Allen europäischen Usurpatoren war gemeinsam, daß sie in den Indianern Nordamerikas wie auch in den Eingeborenen der meisten von ihnen entdeckten fremden Länder und Kontinente »Wilde« und/oder »Heiden« sahen. Sie waren Menschen, die in den Augen der Europäer ein fremdartiges, bizarres, primitives und vollkommen unverständliches Leben ohne sichtbare Planung und Ordnung führten.

Das gab den Eindringlingen die Rechtfertigung in die Hand, diese Menschen, wenn man sie schon nicht »zivilisieren«, das heißt für sich dienstbar machen konnte, auszurotten oder zumindest zu vertreiben.

Zwischen Kanu und Wigwam: Der Alltag in einem Camp der Waldindianer

Die Ursprünge

Drehen wir das Rad der Zeit zurück in die fernen, vorgeschichtlichen Zeiten, als der Raum zwischen Mississippi und Appalachen vermutlich zum erstenmal besiedelt wurde. Vor rund 15 000 Jahren hatte sich während der sogenannten Wisconsin-Glaciation - parallel dazu spricht man in Europa von der Würm-Vergletscherung - in Nordamerika eine sogenannte Megafauna etabliert. Riesenfaultier, Riesenbison, Riesenbiber, Kamel, Höhlenbär, Gürteltier, Mastodon, Urwolf, Säbelzahntiger und andere Giganten einer vergangenen Fauna durchwanderten die grasigen, relativ trockenen Ebenen, sammelten sich an den Wasserstellen.

Die Paläo-Indianer der Clovis-Kultur brauchten sich nur zu bedienen. Sie pirschten sich an die harmlosen Pflanzenfresser heran, töteten sie meist mit einem Speerstich in die Gallenblase und warteten in Ruhe ab, bis das verwundete Tier tot zusammenbrach. Die ersten Amerikaner saßen vor gut gefüllten Fleischtöpfen.

Vor 12 000 Jahren schmolzen die Gletscher ab, zogen sich immer weiter nach Norden zurück. Es wurde wärmer und feuchter. Es etablierten sich die Wälder - erst Fichten-, dann Laubwälder - und rückten nach Norden vor. Über den amerikanischen Osten und Norden - von der Mississippi-Mündung bis zum Atlantik und hinauf bis zu den Tundren Kanadas - erstreckte sich ein einziger, riesiger Wald. Die Megafauna starb aus.

Vorbei waren die Tage, wo ein einziges erlegtes Stück Wild auf Wochen hin die ganze Horde versorgte. Die Zeiten waren härter geworden. Man mußte sich umstellen.

Zögernd und vorsichtig etablierten sich die Paläo-Indianer in diesem neuen, ihnen fremden Lebensraum. Sie mußten neue Jagdtechniken entwickeln, ihre Fleischnahrung durch das Sammeln von Wurzeln, Knollen, Beeren und Früchten ergänzen, mußten lernen, wie man der Bewohner der Flüsse und Seen, der Fische und Amphibien habhaft werden konnte. Die eigenen Jagdreviere, die bescheidenen Vorräte mußten gegen den Zugriff konkurrierender Horden verteidigt werden.

Zwar hauste in den endlosen Wäldern auch Großwild wie Büffel; Elche staksten durch die sumpfigen Niederungen, doch darüber hinaus waren eine vergleichsweise kleine Hirschart, das sogenannte Virginia Deer, und der Schwarzbär die einzige, größere Beute. Wer nicht tagaus, tagein jagte und sammelte, hatte kaum Überlebenschancen.

Gewiß waren einige geschickter und ausdauernder in der Pirsch und damit erfolgreicher als andere. Gewiß gab es ältere Männer, die bessere Waffen als andere zu fertigen vermochten und gegen Fleisch eintauschten. Es gab bereits einen rudimentären Handel mit den unverzichtbaren Flintsteinen, die man für Speerspitzen, Schaber und andere Werkzeuge brauchte, die nur an ganz wenigen Plätzen in Nordamerika gebrochen werden konnten. Noch fehlten die Voraussetzungen für die Spezialisierung, die Entwicklung von Handwerk und erst recht für unsere Vorstellung von Kunst.

Die Strategie des schlichten Überlebens, Jagen und Sammeln, nahm alle Kräfte in Anspruch und ließ kaum Zeit für andere Dinge. Das änderte sich erst zum Besseren hin, als die Methoden effizienter wurden, als die von Generation zu Generation weitergegebenen Erfahrungen und Kenntnisse sich vertieften, verfeinerten und an

Effektivität gewannen. Da man die allermeisten Werkzeuge und Waffen auch aus Knochen, Hartholz und Horn herstellen konnte, blieben die Menschen unabhängig, autark.

Die Männer beschäftigten sich mit der Jagd, versuchten ihre Familie und ihren Besitz gegen die Übergriffe anderer Horden zu verteidigen. Sie lagen zwar häufiger auf ihren Bären- oder besser Hirschfellen als ihre Gefährtinnen, aber ein Zuckerlecken war das Dasein auch für sie nicht.

Der Mann, der Jäger, mußte in der Lage sein, aus dem Stand heraus Höchstleistungen an Schnelligkeit, Geschick, Ausdauer, Streßbewältigung und Konzentration auch unter den ungünstigsten äußeren Bedingungen zu erbringen. Das war die Voraussetzung des Überlebens auf dieser steinzeitlichen Kulturstufe. Die Frauen sorgten für die Ausgangsbasis, sie bereiteten den Mutterboden. Männer und Frauen ergänzten sich, jede Seite war auf Gedeih und Verderb auf die andere angewiesen.

Eine wesentliche Erleichterung brachte die Erfindung beziehungsweise Einführung von Pfeil und Bogen mit sich, die das Töten des Wildes aus der Distanz ermöglichte, sowie die Entwicklung des Birkenrinden-Kanus. Für die Waldindianer waren diese Errungenschaften kaum weniger bedeutungsvoll als die Erfindung des Rades in anderen, uns näherstehenden Kulturen.

Der genaue Zeitpunkt, wann die erste Rothaut von einem treibenden Baumstamm in ein Kanu umstieg, ist heute nicht mehr zu ermitteln. Materialien wie Birkenrinde, Fadenwurzeln, Harz, das stützende, leichte Holzgerippe verrotten und verwittern sehr schnell und hinterlassen keine dauerhaften Spuren. Schriftliche oder bildliche Zeugnisse aus jenen längst vergangenen Tagen gibt es nicht.

Die auf diese Art konzipierten Wasserfahrzeuge hatten einzigartige Vorzüge: Das Verhältnis von Eigengewicht und Zuladungskapazität war optimal; sie waren so leicht, daß sie von einem einzigen Mann oft meilenweit von einem Flußsystem zum anderen getragen werden konnten – so beispielsweise über die »Große Tragestrecke« im oberen Staat New York, wo die Flußsysteme des Hudson und damit des Atlantik und der Großen Seen nahe zusammenliegen.

Das Bau- und Reparaturmaterial war immer und überall zur Hand. Zudem waren die Birkenrinden-Kanus in ihrer geschwungenen Linienführung von einer nicht zu übertreffenden Eleganz und schlichten Schönheit. Der einzige Nachteil bestand in ihrer Verletzlichkeit. Doch die Waldindianer konnten das Wasser lesen. Sie erahnten auch den verstecktesten Fels, den hinterlistigsten im Flußboden verankerten Ast. Sie kannten die Tücken jeder Stromschnelle. Wenn es trotz allem einmal passierte, dann dauerte es nicht lange, bis der Schaden mittels der stets mitgeführten Rolle Birkenrinde, dem Harz und den feinen Fichtenwurzeln behoben war.

Ein weiterer wichtiger evolutionärer Schritt erfolgte mit der Ankunft von Mais, der Bohnen und des Squash-Kürbis auf längst verwehten Spuren. Aller Wahrscheinlichkeit nach war das Wissen über Aussaat und Ernte von den Azteken über den Südwesten und dann von Stamm zu Stamm weitergereicht worden. Der Anbau von Feldfrüchten – zusammen mit dem Genußmittel Tabak – führte zu einem temporären und rudimentären Ackerbau. Damit war eine relative Unabhängigkeit von der nicht immer erfolgreichen Jagd gegeben.

Zwar nahm der Ackerbau in der Kultur der Waldindianer der archaischen Periode zwischen 2000 und 500 vor

Christus keine dominierende Stellung ein, und erst recht entwickelte sich keine Viehzucht, doch Mais, Bohnen und Squash machten eine begrenzte Vorratswirtschaft möglich.

Die Frauen trugen die Hauptlast dieser neuen Existenzform. Sie bestellten die Felder, nachdem die Männer vorhandene Lichtungen weiter ausgerodet, die Bäume gerindet und nach ihrem Absterben verbrannt hatten.

Man kann diesen Vorgang mythologisieren: Die Frau, die in ihrer Rolle dem Ursprung allen Lebens näher steht als der Mann, in deren Mutterschoß die Saat eingepflanzt wird, wo sie in Dunkelheit geschützt, geborgen und behütet heranreift, bis es ans Licht der Welt entlassen wird. In der Praxis des Alltags bedeutete es für die Frauen ein mühevolles, hartes, arbeits- und entbehrungsreiches Leben.

Trotz der Urformen des Ackerbaus kam es nie soweit, daß sich die Männer auf die faule Haut legen konnten. Die Jagd war weiterhin unverzichtbarer Bestandteil der Existenzsicherung.

In der archaischen Periode der amerikanischen Eingeborenenkultur zwischen 1500 und 1000 vor Christus entwickelte sich die Töpferei, wurden Körbe geflochten. Man fand Zeit und Muße für ornamentale Stickereien. Es gab sogar primitive Musikinstrumente, und über verschlungene, heute nicht mehr nachvollziehbare Handelswege kam Kupfer zu den Waldindianern. Ähnlich wie in der Frühzeit Europas hämmerten und formten sie das weiche Metall, ohne es zu erhitzen, zu Fischhaken, Speerspitzen, Harpunen, Messern, Beilen und - nicht zuletzt - zu Schmuckstücken.

Das Biotop im Osten Nordamerikas und die daraus resultierenden Lebensbedingungen waren von denen

Mexikos, Mittel- oder Südamerikas grundverschieden. Sie ließen keinerlei vergleichbare Bevölkerungsdichte und damit auch keine ähnliche kulturelle Entwicklung zu. Auf europäische Verhältnisse übertragen, waren die Paläo-Indianer mit den in Mittel-, Ost- und Nordeuropa hausenden Steinzeitmenschen vergleichbar.

Warum die Hochkulturen der Inkas, Mayas, Azteken und Tolteken bis hin zu den Anasazi- und Pueblo-Völkern des Südwestens außer den rudimentären Formen des Ackerbaus keine weiteren evolutionären Impulse gaben, ist eine Frage, über die allenfalls spekuliert werden kann.

Aber die Menschen lernten, die gegebenen Ressourcen immer weiter und besser zu nutzen. Es bildeten sich größere Gemeinschaften, die sich endlich zu Stammesverbänden ausweiteten. Es entwickelte sich die nach einem der Ausgrabungsorte im Ohio-Tal genannte Adena-Kultur. In Adena, nicht weit vom heutigen Chillicothe, wurden Überreste der ersten, aus dem Jahr 800 vor Christus datierenden amerikanischen Holzhäuser gefunden.

Ein heute immer noch sichtbares Zeugnis dieser Kultur sind die sogenannten »mounds« oder Erdhaufen. Es gibt ihrer Tausende. Sie sind über den ganzen amerikanischen Osten verteilt.

»Mounds« sind Begräbnisstätten mit einer oder mehreren Grabkammern aus sorgfältig behauenen Stämmen, in der einzelne oder mehrere Tote bestattet und mit allerhand Beigaben für ihre Reise in eine andere, womöglich bessere Welt ausgestattet wurden. Sie stammen aus dem ersten Jahrtausend vor Christus.

Ein weiteres geheimnisvolles kulturelles Denkmal aus dieser Epoche gibt immer noch Rätsel auf. Es ist der »Serpent Mound«, die »schlangenförmige Erdaufschüttung«.

Nach der Erosion von über 2000 Jahren ist der gewundene Damm an der Basis sechs Meter breit, 1,2 bis 1,5 Meter hoch und 400 Meter lang. Man nimmt an, daß es sich hierbei um eine besondere Form des seinerzeit über den gesamten amerikanischen Osten verbreiteten mystischen Totenkults handelt. Es wird wahrscheinlich immer ein Rätsel bleiben, was diese Menschen dazu bewogen hat, Hunderttausende von Körben mit Erdreich zu füllen, zu jenem Ort hinzuschleppen und zu einem riesigen Schlangensymbol aufzuschütten.

Die Poverty-Point-Siedlung (bei dem heutigen Shreveport) ist jünger. Sie stammt aus der auf die Adena-Epoche folgende Hopewell-Kultur, die zwischen 300 vor und 400 nach Christus das Leben der Indianer des Ostens prägte. Poverty Point war eine verhältnismäßig große, auf künstlichen Terrassen errichtete Wohnanlage, besser: eine archaische Stadt, die eine ungefähr 1,5 Quadratkilometer große bebaute Fläche darstellte. Außerhalb davon lagen die Begräbnisstätten. Deren größte war eine flache Erdpyramide von beeindruckenden Ausmaßen: An der Basis war sie 250 mal 300 Meter groß und hatte die erstaunliche Höhe von 20 Metern. Man hat berechnet, daß 20 Millionen mit Erdreich gefüllte Körbe erforderlich waren, um dieses Symbol des Todes zu errichten.

Zu Zeiten der Hopewell-Kultur wurden die Toten nach ihrer Verbrennung in Urnenzirkeln bestattet. Danach wurde die Erde zu einem Hügel, dem charakteristischen »mound«, darübergehäuft.

Eine beachtliche Bevölkerungskonzentration war Voraussetzung zu solchen Leistungen. Man nimmt an, daß es sich um eine von einer Priester-Krieger-Kaste beherrschte Konföderation von verschiedenen Stämmen handelte. Sie betrieben intensiver als je zuvor und auch nachher Landwirtschaft. Aus unbekannten Gründen – womöglich spielte eine, wenn auch noch bescheidene Bevölkerungsexplosion die ausschlaggebende Rolle – erfolgte um 400 nach Christus der kulturelle Abstieg.

Lediglich am südlichen Mississippi erlebte die Hopewell-Kultur um 800 nach Christus unter den Natchez eine unverhoffte Renaissance: Während die Pyramiden der Ägypter reine Begräbnisstätten waren und die der Mayas beispielsweise nur als Tempel dienten, vereinigten die »mounds« dieser Indianer beide Funktionen miteinander. Die Natchez entwickelten ein Klassensystem, an dessen Spitze »Die Große Sonne« stand. Ihr folgten mit der »Weißen Frau« seine Mutter, seine Abkömmlinge. Auch sie waren »Sonnen« oder »Noble«. Danach kamen die »Ehrenwerten«, und ganz unten auf der Stufenleiter standen die sogenannten »Stinker«. Es gab sowohl gewisse Aufstiegsmöglichkeiten wie auch die Gefahr des Abstiegs innerhalb dieser Gesellschaftsschichten, doch die Faustregel war: einmal Stinker, immer Stinker.

Diese Kultur hatte Bestand bis in das 17. Jahrhundert hinein. Doch als die Natchez dann das französische Fort Rosalie eroberten, als sie 1731 250 Männer, Frauen und Kinder töteten und 300 weitere gefangennahmen, hatten sie ihr Schicksal herausgefordert. Die Franzosen nahmen furchtbare Rache: Sie töteten die Krieger und viele Unschuldige, zerstörten die Dörfer und verkauften die Überlebenden, unter ihnen die »Große Sonne«, in die spanische Sklaverei.

Im übrigen Osten waren die Adena- und Hopewell-Kulturen in Vergessenheit geraten. Es gab keine an jene Epoche erinnernden Überlieferungen. Der Mantel des unauflöslichen Geheimnisses breitete sich über die von ihrem Totenkult besessenen Grabhügel-Menschen. Die

Archäologen unserer Epoche versuchen immer noch, aus dem Puzzle der einzelnen Funde ein Gesamtbild zu formen.

Man kann es drehen und wenden, wie man will: Das Ende der Adena- und Hopewell-Epoche leitete einen evolutionären Abstieg ein. Die Eingeborenen wurden wieder zu dem, was sie ursprünglich waren: zu Jägern und Sammlern. Zwar wurde immer noch gelegentlicher und rudimentär-primitiver Ackerbau betrieben, doch - von den Irokesen einmal abgesehen - war es die Jagd, um die sich alles drehte.

Als Jagdwaffe nutzten sie den Wurfspeer, ferner Steinbeil, Steinkeule, aber in einzelnen Fällen auch Blasrohre mit vergifteten Pfeilen. Darüber hinaus legten die Waldindianer Fallgruben an, waren Experten im Fallen- und Schlingenstellen. Die in der Hand des trainierten Jägers auch auf größere Distanz effektiven Waffen Pfeil und Bogen wurden merkwürdigerweise relativ spät, vielleicht erst vor tausend Jahren genutzt.

Für die Enten- und Gänsejagd bastelten die Rothäute Lockvögel; sie verstanden es, Vogelstimmen zu imitieren und damit das Federwild auf Schußweite heranzulocken. Spezialisierte Jäger schwammen, ein Schilfrohr als Schnorchel benutzend, unter Wasser an den nichtsahnenden Vogel heran und griffen ihn von unten.

Die Menschen mußten sich den ungeschriebenen Gesetzen der Gruppe beugen, doch die Gruppe selbst war unabhängig.

Tecumsehs Kindheit

Wie unter den Shawnee üblich, hatte Tecumseh erst nach einer zehntägigen Wartezeit seinen Namen bekommen. In seiner vollen Bedeutung hieß er: »Der Panther, der über den südlichen Himmel zieht, um sich einen Schlafplatz zu suchen«. Gemeint war ein besonders heller Meteor, der zum Zeitpunkt seiner Geburt Aufsehen erregte.

Tecumsehs frühe Kindheit unterschied sich nicht von den ersten Lebensjahren der übrigen Waldindianer. Seine Mutter Methotasa umhegte ihn mit derselben Sorge, die sie für ihren inzwischen zwölf Jahre alten Erstgeborenen Chiksika und die zehn Jahre alte Tecumpase aufgewandt hatte. Sie selbst war keine Shawnee, sondern Cherokee. Nach ihrer Gefangennahme war sie adoptiert und von Puksinwah zur Frau genommen worden.

Bei den Shawnee und den meisten anderen der sogenannten Wilden war es absolut undenkbar, ein Kind mit harschen Worten zurechtzuweisen oder gar zu züchtigen. Andererseits lernten auch die Kinder schon sehr früh, ihre Gefühle im Zaum zu halten und weder durch Geschrei noch durch Gezappel und Getue Aufmerksamkeit zu erregen.

Tecumseh war drei Jahre alt, als Methotasa erneut schwanger wurde und diesmal - ein bei den Shawnee noch nie dagewesenes Ereignis - männliche Drillinge gebar. Es war ganz selbstverständlich, daß der geachtete und gefürchtete Medizinmann Penegashega - Change of Feathers - die Geister befragte und zu der Erkenntnis kam, daß böse Kräfte ihre Hand im Spiele hatten. Er kam zu dem Schluß, es sei ratsam, die drei Knaben zu töten. In den meisten Fällen hätte man dem bösen Omen vorgebeugt und wäre der Empfehlung des Schamanen gefolgt. Doch der Vater Puksinwah war ein geachteter und einflußreicher Krieger. Gegen seinen Willen war die Kindestötung nicht möglich. Also bekamen – genau wie Tecumseh – die drei Knaben nach zehn Tagen ihre Namen: Kumskaka, »Der durch die Luft fliegende Nachtvogel« oder »Die Eule«; Sauwasekau, »Die sich öffnende Tür«, und Lowawluwaysica, »Der laut Schreiende«. Ganz im Gegensatz zum Verhalten der übrigen Shawnee-Babies machte Lowawluwaysica seinem Namen alle Ehre. Das böse Omen schien sich von Anfang an zu bestätigen.

Schon zu diesem Zeitpunkt, wir würden sagen als Dreikäsehoch, eignete sich Tecumseh wie die übrigen Shawnee-Knaben an, mit Kriegsgerät umzugehen. Es war noch unbeholfen und spielerisch. Aber sein Bruder Chiksika bastelte ihm einen kleinen Bogen, fertigte dünne, harmlos stumpfe Pfeile, eine Spielzeug-Kriegskeule und einen hölzernen Tomahawk, mit denen Tecumseh lernte, auf Büsche und Sträucher einzuschlagen.

Die damalige Art der Weißen, ihre Kinder für angebliche und wirkliche Missetaten zu bestrafen, war den Shawnee vollkommen unbekannt. Sie stießen keine Drohungen aus, um Gehorsam zu erzwingen. Trotzdem mußten die Kinder sehr früh den Erwachsenen Hilfestellung leisten. Die Knaben, indem sie sich für ihr Dasein als Jäger und Krieger vorbereiteten und schon früh als kompetente Helfer betätigten; die Mädchen, indem sie den Frauen zur Hand gingen.

Die Wünsche der Erwachsenen wurden sehr subtil formuliert, etwa: »Ich möchte mal sehen, ob unser Sohn mir ein Stück Feuerholz bringen will.« Meistens folgten die Kinder enthusiastisch einer solch verdeckten Aufforderung. Die Belohnung bestand in einem entsprechenden Lob der Eltern, Onkel oder Tanten, manchmal auch der Nachbarn.

Verhaltenskritik oder Zurechtweisungen wurden ebenfalls sehr subtil angebracht: »Ich bin so traurig darüber, daß mein Kind das angestellt hat.«

Die Kinder wuchsen ohne spürbaren Druck in die Welt der Erwachsenen hinein, in der es auf den ersten Blick ebenfalls so aussah, als würde jeder und jede ungehemmt seine ureigenen Neigungen ausleben. Man tat das, wozu man im Augenblick Lust hatte, und wenn man zwischendurch zu nichts Lust hatte, war es auch recht. Trotzdem artete diese scheinbare hedonistische Lebenseinstellung keineswegs in Anarchismus oder Chaos aus. Alle Aufgaben der Daseinssicherung der Gemeinschaft erfüllten sich aus einem tief verwurzelten Verantwortungsgefühl wundersamerweise wie von selbst, ohne daß Zwang ausgeübt werden mußte.

Selbstverständlich hatte das Wort des Häuptlings Gewicht. Aber seine Anweisungen kamen nicht ex cathedra oder als einsame Entscheidung, sondern wurden immer im Konsens getroffen. Sie wurden von den Älteren und Angesehenen des Stammes wie Puksinwah mitgetragen, die ihrerseits die Wünsche und Vorstellungen ihres Clans und ihrer Anhängerschaft reflektierten.

Natürlich gab es Frauen und Männer, die die Gemeinschaft wirklich oder vermeintlich bedrohten. Als Strafe wurden schwere Stockschläge verabreicht, oder der Delinquent wurde getötet. Gefängnisse waren unbekannt. Wem es gelang, sich der Strafe zu entziehen, drohte der Ausschluß aus der Gemeinschaft. Die Vorstellung, vogelfrei und als Ausgestoßener leben zu müssen, war für die meisten Shawnee schlimmer als der Tod.

Obwohl er noch keine Zusammenhänge verstand, lauschte der dreijährige Tecumseh den Berichten seines Vaters, wenn dieser von der Jagd, einem Überfall oder Kriegszug heimkehrte. Er wurde in diesem Zusammenhang Zeuge der Adoption des siebzehnjährigen Weißen Marmaduke van Swearingen.

Der junge van Swearingen war bei einem Überfall am Cherry Creek in Virginia gefangengenommen und von den Shawnee verschleppt worden. Es heißt aber, daß der Junge immer schon bedauerte, nicht als Indianer geboren worden zu sein.

Jetzt mußte er sich nackt ausziehen; darauf wurde er von oben bis unten bemalt. Danach führten ihn drei kräftige Squaws zum Fluß und tauchten ihn mehrmals vollständig unter Wasser. Als nächstes schrubbten sie mit Kies und Sand die Farbe von seinem Leib und Gliedern und bemalten ihn aufs neue. Damit war seine Körperfarbe symbolisch ausgetauscht, der letzte Tropfen »weißen« Blutes aus seinen Adern geschwunden. Er war vom Bleichgesicht zur Rothaut mutiert.

Seine alten Kleider wurden verbrannt. Statt dessen erhielt er ein weiches Hirschlederhemd, Mokassins aus widerstandsfähigem Büffelfell, Leggings und einen Überwurf - ebenfalls aus gegerbtem Hirschfell. In sein Haar wurde eine kleine Kupferscheibe geflochten und an ihr eine Adlerfeder befestigt. Aus Marmaduke van Swearingen war unter dem Namen Blue Jacket beziehungsweise Wehyapiheasewah ein vollwertiger Shawnee geworden. Er sollte für den jungen Tecumseh zum Vorbild, später zu seinem Mitstreiter und endlich zu seinem Häuptling werden.

*

In den Jahren zwischen 1763 und 1775 waren eine ganze Reihe von Verträgen zwischen den Engländern und den Indianern abgeschlossen worden. Jedesmal lief es auf das gleiche hinaus: Die Roten gaben alle Territorien östlich der Appalachen auf, die Grenze zwischen Kolonisten und Eingeborenen entlang der Wasserscheide dieses Gebirgszuges sollte auf »ewige Zeiten« festgeschrieben werden. Doch meistens war die Tinte noch nicht trocken, und schon rückten die weißen Usurpatoren ein Stück weiter vor. Weder das eigene Militär noch die eigenen Behörden, keine Macht der Welt schien die Siedler davon abhalten zu können, immer tiefer in die Indianer-Domäne einzudringen. Sie wurden unter der Hand sogar noch bestärkt und gefördert. Der Gouverneur von Virginia, der Earl of Dunmore, verteilte 1774 großzügig Indianerland an die Veteranen der vorausgegangenen Feldzüge.

Vor allem die Shawnee zeigten sich betroffen. Sie überwanden altüberkommene Animositäten und schickten Wampuns zu den ebenfalls unter Druck geratenen irokesischen Seneca. Sie verlangten eine gemeinsame Aktion gegen die Eindringlinge. Die Irokesen lehnten ab. Ihre traditionellen Bindungen an die Engländer waren nach wie vor dominierend. Die Shawnee mußten ihren Kampf gegen die Milizen der sogenannten »Virginier« allein ausfechten.

Dem Shawnee-Häuptling Hokolesqua, von den Weißen Cornstalk genannt, war es gegen alle Widerstände gelungen, mit Hilfe der Miami, Wyandot, Potawatomie und Delaware eine ansehnliche Streitmacht von 1000 Kriegern zusammenzuziehen. Es war ein bemerkenswertes Resultat indianischer Diplomatie und/oder eines ebenso bemerkenswerten Ränkespiels. Die von Cornstalk ins Auge gefaßten Verbündeten erkannten und

Wampungürtel galten als Gedächtnisstütze, Freundschaftsbeweis, Botschaft oder Staatsvertrag

respektierten durchaus die Rolle der Shawnee als wichtigen Puffer zwischen ihnen und den immer bedrohlicher vorrückenden Bleichgesichtern. Einerseits mußte man die inzwischen nicht mehr so zahlreichen Shawnee unterstützen, andererseits wollten sich die Häuptlinge der Miami, Wyandot, Potawatomie und Delaware eine Hintertür offenlassen für den Fall, daß die Sache schlecht ausgehen, daß man mit den Weißen verhandeln müsse.

Also schickte jeder von ihnen lediglich ein Kontingent von rund 100 jungen, meist unerfahrenen Kriegern. Die ungeduldigen und schwer zu zügelnden Heißsporne sollten ihr Mütchen kühlen. Wenn die Langmesser die Oberhand behalten sollten, dann konnte man immer noch die Hände in Unschuld waschen und behaupten, der Feldzug sei die alleinige Sache der Shawnee gewesen und die Krieger des eigenen Stammes seien eine unbedeutende Gruppe junger Wilder, die sich der Kontrolle der Häuptlinge entzogen hätten.

Am 6. Oktober 1774 setzten die roten Kämpfer noch vor Tagesanbruch über den Ohio an dessen Zusammenfluß mit dem Kawanha River. Am sogenannten Pleasant Point verhinderte nur ein Zufall eine wahrscheinlich für die Weißen unheilvolle Überraschung: Zwei Milizionäre hatten sich in den späten Nachtstunden heimlich davongemacht, um für ihr Frühstück einen feisten Truthahn zu erbeuten. Im ersten Schein der Morgendämmerung sahen sie sich – als sich der Nebel für einen Augenblick lichtete – wild bemalten und angriffsbereiten Kriegern gegenüber. Ein Schuß fiel, einer der Milizionäre wurde getötet, während der andere schreiend in das Camp zurückrannte und seine Kameraden alarmierte.

Mit ihrem Kriegsruf »Uishi-catto-ui« – »Seid stark und tapfer« – brachen die Shawnee und ihre Verbündeten in die sich nur mit Mühe formierenden Linien der 1100 Miliz-Soldaten. Plötzlich einfallender Nebel begünstigte die Verteidiger. Der Pulverdampf machte die Sicht noch schlechter. Der Kampf Mann gegen Mann zog sich über den ganzen Tag hin. Obwohl die Indianer in zähen Einzelkämpfen die Oberhand behielten und sich für die Weißen eine verlustreiche Niederlage abzeichnete, brach Cornstalk – scheinbar ohne triftigen Grund – das Gefecht ab. Die Indianer luden ihre Verwundeten und Toten in die bereitgehaltenen Kanus und setzten sich ab, ohne daß ihre Gegner zu einer Verfolgung in der Lage gewesen wären.

Nur wenige wußten, was Kundschafter dem Häuptling berichtet hatten: Eine 500 Mann starke Streitmacht frischer Truppen war im Anmarsch. Mit ihrem Eingreifen hätten sie wahrscheinlich das Blatt zuungunsten der erschöpften Indianer gewendet.

Die Weißen hatten 75 Tote zu beklagen, darunter die Hälfte ihrer Offiziere. 140 Mann waren verwundet worden. Die Indianer hatten 22 Mann verloren, unter ihnen Puksinwah, Tecumsehs Vater, und Chaquiweshe, den Mann seiner Schwester Tecumpase. Die junge, zur Witwe gewordene Frau brachte einige Monate später einen Jungen zur Welt, dem man den Namen Spemica Lawba – Big Horn – gab.

Während die Langmesser ihre Reihen rasch wieder auffüllen und ihre Verluste kompensieren konnten, wog der Aderlaß für die Indianer schwer. Cornstalk sah keine andere Wahl, als mit den »Virginiern« Frieden zu schließen. Das hieß, indianisches Land abzugeben.

»Wenn man einen Wurm in zwei Stücke schneidet, werden aus ihm zwei Würmer. Wenn man einen Weißen tötet, dann erstehen für ihn vier oder fünf wieder auf«, argumentierte der Häuptling resignierend.

Auch wenn der Earl of Dunmore seinen eigenen König brüskiert hatte: Die Gewalt hatte einmal mehr über das Recht gesiegt, und wieder einmal hatten sich weiße Siedler im Indianerland etabliert.

*

Ähnlich wie den Shawnee erging es weit unten im Süden den Cherokee. Auch in ihr Land drangen Tausende von Siedlern ein. Den Indianern blieb keine andere Wahl, als das Kriegsbeil auszugraben und sich zur Wehr zu setzen. Sie zerstörten die Siedlungen auf ihrem Territorium und töteten alle Pioniere, derer sie habhaft werden konnten. Doch so sicher wie das Amen im Gebet kam die Rache: Die Milizen drangen weit in das Gebiet der Cherokee-Nation ein und verbrannten Dörfer und Ernten. Die Eingeborenen selbst hatten sich rechtzeitig in die Wälder zurückgezogen.

Von den Rothäuten unbemerkt, war ein auf den ersten Blick unbedeutender Zwischenfall im Dezember 1774 im Hafen von Boston über die Bühne gegangen: Eine Gruppe Bostoner Bürger, als Indianer kostümiert, hatte die dort liegenden britischen Handelsschiffe geentert und als Protest gegen die erhobenen Zölle die aus Teeballen bestehende Ladung über Bord geworfen.

Die sogenannte »Tea Party« war die Initialzündung der amerikanischen Revolution. Selbst wenn niemand von den Betroffenen es wahrhaben wollte: Für die Waldindianer zwischen den Appalachen und dem Ohio waren es die ersten fernen, jedoch deutlich vernehmbaren Laute ihrer Totenglocke.

Das Gefecht von Lexington in Massachussetts an der Ostküste hatte die Feindseligkeiten am 18. April 1775 eröffnet. Auf der einen Seite standen die sogenannten Rebellen, auf der anderen kämpfte die britische Armee. Die Roten waren perplex: Die englischsprachigen Weißen schossen aufeinander und brachten sich gegenseitig um! Und sie, die Indianer, schauten zu.

Auch nach der Unabhängigkeitserklärung der USA vom 4. Juli 1776 konnten sich die Stammeshäuptlinge aus den kriegerischen Verwicklungen heraushalten. Vor allem die Irokesen lehnten es ab, sich für die Belange der beiden streitenden Mächte einspannen zulassen, obwohl die Briten lockten: »Kommt nach Boston, eßt einen Rebellen auf und trinkt sein Blut.«

George Washington gelang es, die in Maine lebenden Passamaquoddy und Penobscot zu Verbündeten der Revolution gegen die britischen Kolonialherren zu machen.

Die Irokesen mühten sich, weiter neutral zu bleiben, bis es den Revolutionären gelang, die Oneida und Tuscarora auf ihre Seite zu ziehen. Als dann 1776 der Mohawk-Häuptling Thayendanegea alias Joseph Brant von einem Besuch aus England zurückkehrte, gruben auch die Mohawk, die Cayuga, die Seneca und die Onondaga das Kriegsbeil aus. Aber sie stellten sich nicht auf die Seite der Rebellen, sondern unterstützten die Kolonialmacht.

Damit war die größte und mächtigste indianische Konföderation des Ostens, die der Irokesen, zerbrochen. Es dauerte nicht lange, und bei Fort Stanwix bekämpften Oneida und Tuscarora die Krieger der übrigen Irokesen-Nationen - und umgekehrt.

*

Der geachtete Krieger Chiungalla - die Weißen nannten ihn Black Fish - hatte nach Puksinwahs Tod dessen Familie in seinen Wigwam aufgenommen. »Wenn ein großer Krieger stirbt, dann muß ein neuer heranwachsen«, hatte er zu Tecumseh gesagt.

Chiungalla unterwies Tecumseh früh in der Kunst der Rhetorik, der Strategie im Krieg, der Menschenführung. Inzwischen war als Vorbereitung auf das Mannestum der Zeitpunkt gekommen, sich die ersten Talismane anzueignen, die Tecumseh später in seinem Medizinbündel mit sich führen sollte. Chiungalla schickte den Jungen zu einer besonders tiefen Stelle des Ohio. Er sollte erst als Mutprobe, dann zur Übung, immer tiefer und endlich bis zum Grund des Strudels hinuntertauchen. Zum Abschluß dieser viele Tage nacheinander vollzogenen Übungen sollte er das Flußbett mit seinen Händen ertasten und den ersten Gegenstand mitbringen, den er berühren würde. Es war ein heller Kieselquarz von der Größe einer Walnuß.

»Das ist dein Opawaka, dein Talisman«, erklärte Chiungalla, »ihn mußt du dein ganzes Leben lang mit dir tragen, um mit seiner Hilfe mit Manitou und dem Großen Geist Kontakt aufzunehmen.«

Mit aller gebotenen Vorsicht, das spröde Material nicht zu zerbrechen, mühte sich Tecumseh tagelang, eine Rille in den harten Quarz zu schleifen und zu feilen, bis er endlich eine Schnur um seinen Opawaka, den Talisman, schlingen und diesen ständig um den Hals tragen konnte, ohne Angst haben zu müssen, ihn jemals wieder zu verlieren.

*

Im Jahr 1776, Tecumseh war eben acht Jahre alt geworden, führte der heute noch mit dem Glorienschein des großen Grenzerhelden versehene Daniel Boone nicht weniger als 35 Familien durch den Cumberland Gap genannten Paß in den Appalachen nach Kentucky. Ausgerechnet am Big Salt Lick des Red River, einem der bevorzugten Jagdgründe der Rothäute, gründete er die Siedlung »Boonesboro«.

Das war der Anlaß für Tecumsehs Bruder Chiksika, gemeinsam mit seinem Pflegevater Chiungalla, Blue Jakket und einer halben Hundertschaft ausgesuchter Krieger den Guerillakampf gegen die Weißen bis weit nach Kentucky hineinzutragen. Dabei attackierten sie auch Boonesboro.

Eine Handvoll Shawnee provozierte die Verteidiger mit Schüssen auf das Vieh, mit kleinen Bränden im Vorfeld. Sie tauchten plötzlich auf und verschwanden wieder. Ihre Absicht war, Daniel Boone aus seiner Befestigung herauszulocken. Die List schien zu gelingen. Das Tor öffnete sich, Boone kam mit einer kleinen Grenzertruppe heraus, um dem bösen Treiben der Indianer Einhalt zu gebieten. Die Mehrzahl der Krieger hatte sich versteckt. Sie warteten noch einen Augenblick, sprangen auf, um durch das noch nicht wieder geschlossene Tor in das Innere der Siedlung einzudringen. Boone bemerkte im letzten Augenblick die tödliche Bedrohung und gab das Kommando zum Rückzug. In der sich entwickelnden Schießerei zerschmetterte eine Kugel Boones Schenkelknochen. Der Indianer, der ihn mit seinem Tomahawk in die ewigen Jagdgründe schicken wollte, wurde von Simon Kenton in letzter Sekunde erschossen. Kenton warf sich Boone über die Schulter, stürmte in Richtung Tor. Als sich ihm zwei Indianer mit geschwungenen Tomahawks in den Weg stellten, benutzte er Boone als Wurfgeschoß. Die überraschten Krieger gerieten aus dem Gleichgewicht, stolperten. Kenton griff sich den Verletzten und gewann die Sicherheit des Forts, dessen Tor sich hinter ihm schloß. Für Simon Kenton sollte es, genau wie für Daniel Boone, der Auftakt zu einer Kette von Auseinandersetzungen mit den Shawnee werden. Beide wurden zu den ganz großen Grenzerfiguren, zu gefährlichen Antagonisten dieses Stammes.

Harrodsburg, eine andere neugegründete, befestigte Siedlung in Kentucky, ließ sich ebensowenig überraschen wie Boonesboro. Eine gut verteidigte, von Palisaden umgebene Befestigungsanlage hielt jedem Indianerangriff stand. Deren Kriegs- und Kampfestaktik war darauf angelegt, daß die ersten Minuten oder höchstens Stunden über Sieg oder Niederlage entschieden. Eine lange Belagerung oder ein sorgfältig geplanter, massierter und verlustreicher Sturmangriff entsprach weder ihrem Temperament noch ihrer Taktik.

Nichtsdestoweniger baumelten auf dem Rückzug eine ganze Reihe hellhaariger Skalps an den Gürteln der Krieger. Dazu trieben sie eine ganze Anzahl Gefangener sowie eine Herde von 200 erbeuteten Pferden über den Ohio.

*

Tecumseh war inzwischen sowohl physisch wie auch psychisch so weit entwickelt, daß er sich meist älteren Kameraden anschloß. Es erwies sich schnell, daß er nicht nur mithalten konnte, sondern sich zu einem der besten Jäger und Fischer entwickelte, wenn es darum ging, fast zentnerschwere Riesenhechte und Welse aus dem Ohio zu erbeuten oder Waschbären, Biber, Opossums oder Stachelschweine zu erlegen. Tecumseh behauptete sich in der Gruppe der Älteren.

Seine Brüder Chisiska und Blue Jacket instruierten Tecumseh in den kriegerischen Techniken. Er lernte, vom Pferderücken aus Pfeil und Bogen sicher zu handhaben, durfte hin und wieder auch eine Steinschloßflinte abfeuern, obwohl die Shawnee sparsam mit Pulver und Blei umgehen mußten.

Auch seine jung verwitwete ältere Schwester Tecumpase nahm sich seiner an. Sie brachte ihm die humaneren und sozialen indianischen Tugenden nahe: die Geduld, die Kunst des Zuhörens, die Hilfestellung für die Schwachen und Kranken, die Achtung der Alten und ihrer Überlieferungen. Sie zeigte ihm die blutstillenden Kräuter, erklärte ihm, wo er sie finden konnte, wies auf andere hin, die ihm im Falle einer inneren Krankheit halfen. Sie lehrte Tecumseh, wo und wann er Nüsse, Wurzeln, Früchte und Beeren finden konnte, wenn er ohne andere Nahrung im Wald überleben mußte. Sie beschwor ihn - im Gegensatz zu seinen Altersgenossen und den Traditionen des Stammes -, auf unnötige Grausamkeiten zu verzichten.

Sie erklärte dem Jungen: »Wenn die Vögel niedrig und laut losfliegen, dann zieht ein Sturm herauf. Auch dann, wenn die Tauben nicht auf den äußeren Ästen, sondern nahe am Stamm sitzen. Wenn das Laub der Buchen seine Unterseite nach oben dreht, wird es bald donnern und blitzen. Der morgendliche Tau auf dem Gras ist ein Zeichen dafür, daß es an diesem Tag nicht regnen wird, aber wenn am Abend nach Einbruch der Dunkelheit die Halme trocken bleiben, wird es am folgenden Tag regnen. Wenn der Bisam ein großes, hohes Haus baut, dann wird der Winter streng und kalt. Wenn er sich aber früh in den Schlamm des Untergrundes wühlt, dann wird der Winter so eisig und hart, daß der Spaylaywithepi - der Ohio - ganz zufrieren wird.«

Tecumpase zeigte ihm weiter, wie man im Handumdrehen ein »lean-to«, eine offene Schutzhütte baut, aber auch, wie man einen Wigwam - er ist im Winter warm und im Sommer kühl - aus dünnen, mit Birkenrinde oder Fellen überzogenen Stämmchen errichtet.

Überfälle und Blutvergießen ohne Ende

Im Jahr 1777 – den sogenannten drei blutigen Sieben – herrschte praktisch Kriegszustand zwischen den Indianern und den sich formierenden Vereinigten Staaten.

Für die Mehrzahl der Rothäute fungierten und agierten die Briten als mächtige moralische Stütze, zuverlässige Versorgungseinrichtung und direkte militärische Bundesgenossen. Auch nach dem Abzug der Franzosen schien es, als könnten die Indianer von dem Konflikt zweier »weißer« Mächte profitieren.

Lieutenant Governor Henry Hamilton offerierte eine Belohnung für jeden erbeuteten, amerikanischen Skalp und zahlte für jeden Gefangenen einen guten Preis. Die Indianer wurden zu rücksichtslosen Menschenjägern.

Während die Shawnee, die Miami, die Mingo und die Delaware ihre Raids bis tief nach Kentucky und West Virginia hineintrugen, griffen die Wyandot die Siedlungen am oberen Ohio an. Auch sie konnten keine der befestigten Plätze erobern, doch gelang es ihnen, den Miliztruppen aus dem Hinterhalt heraus empfindliche Verluste zuzufügen. Die Rothäute verbreiteten so viel Angst und Schrecken, daß viele der kleineren Siedlungen aufgegeben wurden. Es hatte den Anschein, man könnte die Expansion der Weißen aufhalten.

Aber der Shawnee-Häuptling Cornstalk war unsicher. Er wußte, die Langmesser würden irgendwann mit aller Macht zurückschlagen und dann sein Volk in einen Abgrund stoßen, aus dem es sich nicht mehr herausarbeiten könnte. Zusammen mit Red Hawk und seinem Sohn

Elinipsico ritt er unter der weißen Parlamentärflagge in das neue Fort Randolph, das direkt auf dem einstigen Schlachtfeld von Pleasant Point errichtet worden war. Er wollte mit dessen Befehlshaber, Captain Matthew Arbuckle, verhandeln. Der Häuptling wollte sondieren, ob schlimmeres Blutvergießen verhindert werden könnte.

Captain Arbuckle reagierte schroff und ablehnend. Er erklärte, die Vereinigten Staaten und die Shawnee hätten das Kriegsbeil ausgegraben und er habe keine andere Wahl, als die drei Parlamentäre gefangenzunehmen und als Geiseln festzusetzen.

Cornstalk und seine beiden Begleiter wurden in eine stabile Hütte gesperrt. Es dauerte nicht lange, da tobte der Mob. Er wollte Blut sehen. Captain Arbuckle versuchte, die aufgebrachte Menge zurückzuhalten. Vergeblich. Die Soldaten, Grenzer und Gaffer brachen die Tür auf, erschossen den schicksalsergebenen Cornstalk und seinen Sohn Elinipsico. Red Hawk wollte durch den Kamin entkommen, wurde aber gepackt und ebenfalls niedergemacht. Die Leichen der drei Indianer wurden bis zur Unkenntlichkeit verstümmelt.

Die Shawnee schworen blutige Rache. Sie ernannten Tecumsehs Ziehvater Chiungalla – alias Black Fish – zu ihrem neuen Häuptling. Ihre Krieger hinterließen zusammen mit ihren traditionellen Bundesgenossen eine breite, blutige Spur im heutigen Ohio, Kentucky, Pennsylvania und Virginia. Auch die Kickapoo, die Potawatomie, die Ottawa, die Ojibwa und die Mitglieder der Irokesen-Konföderation waren in heller Aufruhr und setzten den Siedlern an der Grenze schwer zu.

Die Weißen wehrten sich nach Kräften. General Hand inszenierte mit einer 400 Mann starken Abteilung eine

Strafexpedition. Vorgegeben war das strategische Ziel, ein Nachschubdepot der Briten für die Indianer am Cuyahoga River zu erobern und zu vernichten. Der Vorstoß ging ins Leere. Hand wußte, daß seine Truppe einer entschlossenen indianischen Streitmacht kaum etwas entgegenzusetzen hatte. Er kehrte noch vor Erreichen des Ziels um. Um überhaupt etwas Zählbares vorzuweisen, »eroberte« er auf dem Rückzug ein von allen Kriegern verlassenes Delaware-Dorf. Die Soldaten töteten ein Kind, zwei Frauen, einen alten Mann und nahmen zwei weitere Frauen gefangen. Die Strafexpedition sollte als unrühmliche »Squaw-Kampagne« in die Geschichte der Revolutionskämpfe eingehen. Verspottet und verachtet legte Hand sein Kommando nieder und übernahm ein anderes - diesmal im fernen, sicheren Osten.

*

In der eisigen Winterkälte des Februar 1778 verfolgte eine unter Blue Jacket operierende Abteilung tief in Kentucky einen einzelnen Weißen, der - die Spuren verrieten es - ein schwerbeladenes Pferd am Zügel führte. Der Weiße bemerkte die Verfolger. Er versuchte, die Riemen, mit denen die Last auf dem Pferderücken festgezurrt war, abzuschneiden, dann aufzusitzen und das Weite zu suchen. Die Verfolger waren inzwischen so nahe herangekommen, daß der Mann den Versuch aufgab und zu Fuß flüchtete. Es wäre leicht gewesen, den Weißen zu erschießen, doch Blue Jacket wollte ihn lebend.

Der Flüchtende merkte rasch, daß er keine Chance hatte. Er warf sich hinter einen Baum, hob seine Flinte. Dann überlegte er es sich anders - er griff um den Baum herum und stellte seine Waffe davor. Das war das Zeichen der Aufgabe. Als die Krieger herankamen, stand er auf, trat vor, kehrte seine leeren Handflächen als Geste der Aufgabe nach außen und erklärte: »Howdie, ich bin Daniel Boone.«

Der große Antagonist der Indianer war auf der Jagd gewesen, hatte einen Büffel erlegt und das Fleisch auf sein Pferd gepackt. Die Schlingen und Knoten der Riemen waren in der strengen Kälte solide und unauflöslich gefroren. Sogar sein Messer steckte, vom Frost zementiert, in der Scheide. Das war die Erklärung, weshalb es Boone nicht gelungen war, sein Pferd von der Last zu befreien, sich auf dessen Rücken zu schwingen und das Weite zu suchen.

Blue Jacket führte den gefürchteten und gleichzeitig respektierten Gegner voller Stolz in das Hauptlager und präsentierte ihn seinem Häuptling Chiungalla.

Während seiner Befragung stellte sich heraus, daß eine Gruppe von 27 Männern Boone als Jäger und Scout engagiert hatte. Die Männer selbst waren damit beschäftigt, Wasser aus den Quellen des sogenannten Blue Lick abzukochen und so Salz zu gewinnen. Salz, das dringend gebraucht wurde, um die Fleischvorräte einzupökeln und sie für das Frühjahr und den Sommer zu konservieren.

Chiungallas Späher hatten das Lager der Weißen bereits ausfindig gemacht. Es war nur noch eine Frage der Zeit, bis die Shawnee angriffen und der ganzen Gruppe den Garaus machten.

Aber Daniel Boone war nicht nur ein unerschrockener Kämpfer, sondern auch ein beachtlicher Verhandlungstaktiker. Er kannte die Mentalität der Rothäute. Er wußte, welche Prioritäten sie setzten. Nichts würde den Häuptling davon abhalten können, die Salzkocher anzugreifen. Boone verschwendete keine Zeit darauf, über den möglichen Ausgang der Auseinandersetzung zu spekulieren. Aus dieser Lage der Dinge heraus schlug er Chiungalla einen auf den ersten Blick abenteuerlichen Handel vor: Er gab dem Häuptling zu bedenken, daß angesichts einer solch starken und gutbewaffneten Grenzertruppe auch Blut auf indianischer Seite fließen würde. Aber er, Daniel Boone, würde dafür sorgen, daß sich die 27 Mann kampflos ergeben würden. Die Indianer könnten auf diese Weise in den Besitz von deren gesamter Ausrüstung, ihrer Pferde und Waffen gelangen. Damit noch nicht genug: Sie hätten die Möglichkeit, die Gefangenen einschließlich seiner selbst zu einem beachtlichen Preis an die Briten zu verkaufen!

Chiungalla überlegte – und schlug ein. Die Aussicht, an der Spitze einer solch eindrucksvollen Prozession Gefangener, mit einer riesigen Beute an Waffen, Werkzeugen, Pulver, Blei, Pferden, Kesseln und Pfannen, Verpflegung, Äxten, Sägen, Beilen und dem bereits gewonnenen wertvollen Salz im Triumph in das eigene Camp einziehen zu können, war unwiderstehlich. Die einzige Bedingung lautete: Daniel Boone selbst wurde von dieser Regelung ausgeschlossen.

Selbstverständlich, daß Blue Jacket den Ehrenplatz an der Seite des Häuptlings bei dem triumphalen Einzug in das Dorf einnehmen durfte.

Chiungalla hielt Wort. Auch wenn viele der Weißen – übrigens genau wie ihre Bewacher – in der bitteren Kälte kleinere Erfrierungen davontrugen, wurde keiner von ihnen gemartert oder sonstwie malträtiert. Lediglich Daniel Boone mußte das traditionelle Spießrutenlaufen über sich ergehen lassen. Doch Chiungalla hatte Anweisung gegeben, es bei einer symbolischen Demütigung zu belassen und diesem bedeutenden Mann keine ernsthaften Verletzungen zuzufügen.

Die Gefangenen wurden nach Detroit gebracht. Daniel Boone wurde weiter gut behandelt und von Governor Hamilton persönlich über die Situation in Kentucky befragt. Doch zu seiner riesengroßen Enttäuschung wurde er nicht freigekauft, sondern von Chiungalla – Black Fish – mit zurückgenommen. Der Häuptling beabsichtigte nichts anderes, als den damals bereits 43jährigen Daniel Boone zu adoptieren!

Daniel Boone mußte bei seiner Rückkehr die gleiche Prozedur über sich ergehen lassen wie seinerzeit Blue Jacket. Doch im Gegensatz zu diesem hatte der hartgesottene Grenzer keineswegs die Absicht, Indianer zu werden. Er erhielt zwar den Namen Sheltowee – Big Turtle –, lebte zusammen mit Tecumseh und den übrigen Sippenmitgliedern in einem Wigwam, aber er plante von langer Hand seine Flucht.

*

Normalerweise wurden die Shawnee-Knaben bereits im Alter von 13 oder 14 Jahren mit dem blutigen Ernst des Krieges konfrontiert. Sie durften an Raids oder Überfällen teilnehmen, wurden aber nach Möglichkeit aus den eigentlichen Kämpfen herausgehalten. Tecumseh war – wie später berichtet wurde – nicht einmal elf Jahre alt, als sein älterer Bruder Chiksika ihn aufforderte, sich an einem solchen Unternehmen mit acht oder neun anderen Kriegern zu beteiligen. Der Junge barst förmlich vor aufgeregter Begeisterung.

Es sollte nicht lange dauern, als der an der Spitze reitende Chiksika am Ufer des Great Miami River ein gedämpftes Wiehern vernahm. Chiksika konnte eben noch einen Warnschrei ausstoßen, als ein Schuß aufbellte und eine Kugel ihn aus dem Sattel warf.

Wasegoboah, ein erfahrener Krieger, riß Tecumseh vom Rücken seines Pferdes. Während die erschreckten Reittiere sich aufbäumten und durchgingen, suchten die Krieger Schutz hinter Baumstämmen und Buschwerk. Vorsichtig begannen sie, die Stelle einzukreisen, aus der der Pulverdampf aufgewolkt war. Den Knaben Tecumseh ließen sie zurück. Da saß er nun, der sich das alles so aufregend ausgemalt hatte: Sein Bogen war zerbrochen, die Pfeile auf der Erde verstreut, sein Vorderlader steckte unerreichbar und nutzlos irgendwo im Buschwerk. Seine entsetzten Blicke konnten sich nicht von seinem bewußtlosen, blutüberströmten Bruder lösen. Panik ergriff Tecumseh und er floh, so schnell er nur konnte, in die Richtung, aus der sie gekommen waren. Als weitere Schüsse aufpeitschten, suchte der Junge angstbebend Schutz hinter dem Wurzelwerk eines umgestürzten Baumes.

Endlich herrschte Stille. Dann hörte er von weit weg den Ruf: »Tecumseh«. Der Junge überwand seine Angst, schlich sich am Flußufer entlang zu seinem Bruder zurück, zog ihn eine Böschung hinunter und versuchte, ihn am Flußufer zu verstecken.

Noch außer Atem tauchte Wasegoboah wieder auf und sagte dem Jungen, daß alles vorbei sei. Die drei Weißen, die ihnen aufgelauert hatten, seien getötet und skalpiert worden. Chiksika hatte den lähmenden, ohnmachtähnlichen Schock überwunden und war wieder bei Sinnen. Er blutete immer noch, hatte aber keine lebensgefährliche Verletzung davongetragen. Einer der Krieger stillte die Blutung mit Bast und verband die Wunde. Sie halfen Chiksika auf eines der wieder eingefangenen Pferde, stützten ihn von beiden Seiten und kehrten in das Camp zurück.

Tecumseh hatte seine Feuertaufe keineswegs mit Bravour bestanden. Der Junge war deprimiert und hegte große Selbstzweifel. Niemand kritisierte ihn härter als er sich selbst. Doch viel schlimmer und alarmierender war, daß bewaffnete Weiße die Stirn besaßen, sich in feindlicher Absicht so nahe an ein Camp der gefürchteten Shawnee heranzutrauen!

*

Während Daniel Boone unter den mißtrauischen Augen seines Adoptivvaters auf eine erfolgversprechende Gelegenheit lauerte, den Shawnee zu entkommen, studierte Tecumseh den Weißen und seine Aktionen mit wachsendem Interesse. Andere rote Krieger nutzten jede Gelegenheit, Kraft, Geschick und Ausdauer mit den Fähigkeiten des berühmtesten aller weißen Grenzer im direkten Vergleich zu messen. Wie es heißt, gab es einige, die ihn bei den harten, aber unblutigen Ringkämpfen auf die Schultern zu zwingen vermochten, wieder andere konnten schneller sprinten, aber in der Ausdauer war Boone allen überlegen. Als Scharfschütze schien Sheltowee, wie ihn die Shawnee nannten, nur Durchschnitt zu sein, doch Chiungalla und auch Tecumseh waren sich sicher, daß Boone hin und wieder absichtlich danebenschoß, um sein wahres Können zu verschleiern, um Mißgunst und Eifersucht der roten Wettbewerber in Grenzen zu halten.

Tecumseh und die Krieger beeindruckte am meisten Sheltowees Fähigkeit, während des Laufens seinen Vorderlader zum Schuß vorzubereiten und abzufeuern. Es war ein komplizierter - wir würden heute sagen, ein zirkusreifer - Vorgang, den nur ganz wenige beherrschten: Es war schon schwierig genug, in der Bewegung Pulver in den Lauf zu füllen, es mit dem Ladestock festzustampfen, die Kugel draufzusetzen. Doch dann kam das eigentliche Problem: In der Rasanz des Vorwärtsstürmens auch noch eine genau dosierte Menge des Schießpulvers auf die Pfanne zu häufeln, es zu zünden und den eigentlichen Schuß zielgenau abzufeuern!

Tecumseh übte und übte. Er sollte es nie ganz schaffen. Doch auch unter den Weißen gab es nicht einmal eine Handvoll Leute, die dieses Kunststück beherrschten. Einer dieser war neben Daniel Boone jener Simon Kenton, der ihm einst das Leben gerettet hatte, den die Indianer aus irgendeinem Grund Butler nannten.

Langsam sammelten sich immer mehr Krieger im Shawnee-Camp. Schließlich waren an die 500 zusammengekommen. Daniel Boone war es nicht entgangen, daß diese Truppe seine erzwungene Anwesenheit nutzte und einen Angriff gegen Boonesboro plante. Ein Grund mehr für den Grenzer, bei nächster Gelegenheit zu flüchten. Seine Chance kam, als bei einem Jagdausflug zum Scioto River Chiungalla, Tecumseh und die anderen Männer hinter einem Schwarm wilder Truthähne herjagten und den Grenzer mit den Frauen und Kindern allein ließen.

Als er aus der Distanz die Schüsse hörte, kappte Boone mit seinem Messer die Riemen, mit denen ein Teil der bisherigen Jagdbeute an dem Sattel eines Packpferdes festgebunden war, und schwang sich auf dessen Rücken. Chiungallas Frau wollte ihn an der Flucht hindern, doch Boone wehrte sie ab mit den Worten: »Mutter, ich will jetzt nach Hause, ich möchte meine Frau wiedersehen.« Er warf das Pferd herum und verschwand in südlicher Richtung.

Die von der Jagd zurückkehrenden Indianer folgten nur eine kurze Strecke seiner Fährte. Dann gaben sie die

Verfolgung auf. Chiungalla wußte nur zu gut, daß sich ein Mann wie Sheltowee nicht wieder einfangen lassen würde. Ebenso war ihm klar: Wenn er ihn wiedersehen sollte, dann war Boone nicht mehr sein Adoptivsohn, sondern sein Todfeind.

Die Flucht seines Adoptivsohnes Sheltownee bedeutete für Chiungalla eine große Beleidigung. Er mußte alles daransetzen, entweder Daniel Boone im Kampf zu töten - oder ihn erneut gefangenzunehmen, um ihn martern und verbrennen zu lassen.

*

Die Indianer hatten inzwischen erkannt, daß es für sie nur zwei Möglichkeiten gab, ein starkes, mit Palisaden gesichertes Fort einzunehmen: Die eine war der »Große Donner«, Kanonen also, die zweite eine wie auch immer geartete List, durch das geöffnete Tor in das Innere einzudringen und dort ein mörderisches Chaos hervorzurufen.

Die insgesamt 450 Shawnee-Krieger - unter ihnen befand sich als »Schildknappe« seines Bruders Chiksika auch Tecumseh - vertrauten darauf, daß ihre Verbündeten, die Briten, ihnen mit einer Artillerie-Abteilung zur Hilfe kommen und die Befestigungen von Boonesboro in Stücke schießen würden.

Zur Enttäuschung der Shawnee erschien am vorgesehenen Treffpunkt lediglich ein verlorenes Häuflein von 13 Rotröcken unter Captain Chaine. Vom »Großen Donner« keine Spur. Die Briten hatten ihn im Fort gelassen.

Angesichts der ununterbrochenen Raids der Indianer auf ihre Besitzungen waren viele Pioniere in den Schutz der Siedlungen jenseits der Appalachen geflüchtet. In Kentucky hatten lediglich vier befestigte Plätze standgehalten: McLelland's, Logan's, Harrodsburg – und Boonesboro. Die beiden ersteren wurden schließlich ebenfalls aufgegeben. Lediglich Harrodsburg und Boonesboro hielten aus.

Als Boonesboro in Sicht kam und Chiungalla sofort angreifen wollte, um das Überraschungsmoment zu nutzen, lief erst mal ein den Rothäuten unverständliches Ritual ab. Es war zufällig Sonntag. »Um nicht den Sabbat zu schänden«, knieten die Briten nieder und beteten. Mit dem Kampf warteten sie bis zum nächsten Tag. Das gab den Belagerten Zeit, sich zu rüsten und Verteidigungsvorbereitungen zu treffen.

Unter der Parlamentärsflagge forderte Captain Chaine Daniel Boone auf, gegen Zusicherung des freien Abzugs Fort und Siedlung zu übergeben. Doch der erfahrene Grenzer wußte nur zu gut: Würde Chiungalla seiner habhaft werden, der Scheiterhaufen wäre für ihn das Mindeste!

Nein, dafür fühlte sich Boone zu stark. Ohne Artillerie war ihm und seinem Fort kaum etwas anzuhaben. Er wußte genau: Eine lange Belagerung, ein Aushungern würden seine indianischen Widersacher ohnehin nicht durchhalten.

Boone sollte wenigstens ein Papier unterschreiben, in dem er sich verpflichtete, sich jeglicher Feindseligkeiten gegenüber den Briten zu enthalten, verlangte Captain Chaine.

Während der Verhandlungen kam es zur direkten Konfrontation zwischen Chiungalla und Daniel Boone.

»Gut, dich wiederzusehen, Häuptling«, sagte Boone eher beiläufig, »auch wenn die Umstände nicht eben erfreulich sind.«

»Das ist wahr, Sheltowee«, erklärte der Häuptling mit unbewegter Miene, »es war nicht gut von dir, wegzulaufen. Aber das ist der Schnee des vergangenen Winters. Du mußt jetzt das Papier unterzeichnen, das Captain Chaine dir vorgelesen hat.«

Nach kurzer Beratung unterschrieben die Grenzer.

Bevor sie in das Fort zurückkehrten, schüttelten sich die Gegner die Hände. Es war der Augenblick, auf den die Indianer gewartet hatten. Sie wollten den Weißen nicht nur die Hände reichen, sie wollten sie auch festhalten. Doch Boone, der gut Shawnee verstand, hatte im letzten Augenblick die hinterhältige Absicht erkannt. Er schrie seinen Leuten eine Warnung zu. Auf das Kommando hin rannten die Verteidiger des Forts in Richtung des Tores. Die hinter den Schießscharten der Palisade postierten Grenzer eröffneten sofort ein mörderisches Feuer, in dessen Schutz Boone und die Männer der Verhandlungsdelegation durch die rasch geöffnete und wieder geschlossene Pforte entkamen. Sie hatten lediglich zwei Verwundete zu beklagen: Daniel Boone war von einem Tomahawk-Hieb gestreift worden, einer seiner Männer hatte einen Schuß in die Schulter abbekommen.

Die wütenden Indianer hielten die Belagerung eine volle Woche durch. Sie versuchten sogar, einen Tunnel unter der Palisade hindurch zu graben, um so in das Innere des Forts zu gelangen. Dann kam der Himmel den Verteidigern zur Hilfe und öffnete seine Schleusen. Der mühevoll gegrabene Tunnel lief voll Wasser, das Pulver wurde naß. Chiungalla und die Seinen gaben auf. Sie hatten einen hohen Blutzoll entrichtet: 34 Krieger waren gefallen, 22 verwundet worden. Auf der anderen Seite waren lediglich zwei der Verteidiger gefallen.

*

Auf die schwere Niederlage sollte kurz danach ein in den Augen der Shawnee unerwarteter Triumph folgen: Vorerst sah es allerdings danach aus, als müßten sie einen weiteren beschämenden Verlust beklagen. Drei Weiße hatten sich während ihrer Abwesenheit an ihr Camp herangepirscht und eine Herde von 50 dort grasenden Ersatzpferden geraubt.

Poah, einer der besten Scouts, von dem es hieß, »er könnte nachts dem wirbelnden Flug einer Fledermaus folgen«, setzte sich mit einigen im Camp zurückgebliebenen Kriegern auf die Spur der Pferdediebe. Das Gros der Tiere konnten sie bald wieder einfangen, doch eine Handvoll der besten hatten die Diebe mitgenommen.

Dank Poahs Fähigkeiten gelang es den Shawnee, den Weißen bis zum Ohio zu folgen, einen von ihnen zu töten, einen gefangenzunehmen, ihre eigenen Pferde sowie die von den Weißen gerittenen Tiere zurückzuerobern.

Bald stellte sich heraus, daß dieser Gefangene kein anderer war als der nach Boone vielleicht tüchtigste und für die Indianer gefährlichste aller Grenzer. Es war Simon Kenton, den sie Butler nannten.

Damit hatten die Shawnee wieder einen ihrer formidablen und berühmten Antagonisten in ihre Gewalt gebracht und in ihren Augen die vor Boonesboro erlittene Schmach wettgemacht. Als Scout hatte Poah eine große, doch als Krieger nur eine mittelmäßige Reputation. Jetzt war er der unumstrittene Held des Tages.

Alle versammelten sich, um den gefürchteten Weißen zu sehen und ihn dann erst einmal Spießruten laufen zu lassen. Die Dorfbewohner, Frauen, Kinder, Alte, Krieger, stellten sich buntgemischt in zwei langen, sich gegenüberstehenden Reihen auf. Jeder und jede hielt etwas in den Händen, mit dem er oder sie dem Delinquenten übel zusetzen konnte: Stöcke, Steine, Lederriemen, Keulen, dornige Zweige, Tomahawks - alles war erlaubt, was den nackt ausgezogenen Gefangenen peinigen, ihm Schmerzen zufügen konnte, ohne ihn direkt und auf der Stelle zu töten.

Wie üblich war beschlossene Sache: Sollte Kenton das Msikahmiqui, das Council House, erreichen, dann würde er - bis über sein endgültiges Schicksal befunden würde - keine weiteren Beleidigungen, Torturen und Qualen mehr erdulden müssen.

Im Gegensatz zu Daniel Boone mußte Kenton die Prozedur in ihrer ganzen Brutalität über sich ergehen lassen. Er hätte sie trotz aller Hiebe und Schläge überstanden, doch ein Krieger stellte sich ihm kurz vor dem Ziel in den Weg, um ihn mit einer Keule niederzuschlagen. Der schon geschwächte Weiße raffte seine letzte Kraft zusammen und schickte den hinterhältigen Kerl mit einem mächtigen Faustschlag zu Boden - Grund genug für andere Indianer, wie eine Meute tollwütiger Hunde über Kenton herzufallen und ihn unter dicht prasselnden Hieben niederzustrecken.

Der nur noch halb seiner Sinne mächtige, unglückliche Kenton bekam Wasser. Man gab ihm Zeit, sich etwas zu erholen, brachte ihn wieder auf die Beine und schickte ihn mit harten, brutalen Schlägen erneut durch den Korridor der Qualen und Schmerzen.

Diesmal versuchte Kenton mit letzter Kraft kurz vor dem Ziel seitlich auszubrechen. Es gelang ihm, eine der Frauen niederzurennen, doch nicht, dem Keulenhieb einer anderen auszuweichen. Getroffen stürzte der Weiße zu Boden. Wieder prasselten die Hiebe, er wurde getreten und gestoßen.

Diesmal half weder das Übergießen mit Wasser noch eine Erholungspause: Der Gefangene konnte sich nicht mehr auf den Beinen halten. Man band den Bewußtlosen an einen Pfosten und stellte Poah als Bewacher dazu. Poah würde sich eher in Stücke reißen lassen, als seinen Gefangenen entkommen zu lassen, ihm auch nur den Hauch einer Chance dazu zu geben.

Das Spießrutenlaufen war nur das Vorspiel gewesen. Chiungalla und den Bewohnern des Camps war klar, daß ein solch bedeutsamer Gefangener, den die Shawnee Psaiwiwukenehlah oder Großer Weißer Wolf nannten, nicht ohne weiteres der Marter und dem Scheiterhaufen überantwortet werden durfte. Der Council mußte entscheiden, ob sein Gesicht schwarz bemalt und er dadurch zum »cuttahotha« - zum unwiderruflichen Todeskandidaten gestempelt -, oder ob er verkauft oder adoptiert werden sollte.

Simon Kenton wurde verurteilt, dann adoptiert, wieder gemartert; er mußte nicht weniger als ein weiteres halbes Dutzendmal die Tortur des Spießrutenlaufens durchleiden.

Endlich entschied sich das Gericht der Häuptlinge einmal mehr für Marter und Tod auf dem Scheiterhaufen. Das Holz war schon aufgeschichtet, als ein Wolkenbruch das Brennmaterial durchnäßte und die Exekution aufschob.

In letzter Minute erschien der Händler Peter Drouillard auf der Szene. Er übersah die Situation und kaufte Simon Kenton nach langen Verhandlungen und Diskussionen frei. Es geschah nicht aus Menschenfreundlichkeit. Drouillard erwartete und erhielt für diesen besonderen Gefangenen von den Engländern einen höheren Preis, als er selbst bezahlt hatte. Doch Simon Kenton gelang es bald, seinen Bewachern zu entkommen und nach Kentucky zurückzukehren.

*

Weit im Westen, am Mississippi, hatte George Rogers Clark mit einer bunt zusammengewürfelten und kaum ernstzunehmenden Truppe von 120 Mann auf dem Wasserwege Illinois erreicht. Er hatte tief im Rücken der Briten und Shawnee die Forts Kaskia und Cahohika genommen. Damit kontrollierten die Amerikaner nicht nur Illinois, sondern auch Indiana.

Im Nordosten verbreiteten währenddessen die unter dem Union Jack kämpfenden Mohawk des Häuptlings Joseph Brant unter den Siedlern des Staates New York unsägliche Angst und furchtbaren Schrecken. Einmal mehr unterschieden die Indianer nicht zwischen harmlosen Siedlern und kämpfenden Truppen. Sie hinterließen rauchende Trümmer, verwüstete Felder, geschlachtetes Vieh, skalpierte und schrecklich zugerichtete Leichen.

Wie üblich folgte auf die Aktion die Reaktion. Auf Anweisung George Washingtons griff General John Sullivan mit 4000 Mann im Rücken der britisch-indianischen Truppen die Seneca-Dörfer an. Die wenigen dort verbliebenen Krieger machten zwar einige vergebliche Versuche, die Revolutionäre aufzuhalten, mußten aber bald das Feld – und ihre Dörfer räumen. Die Amerikaner verbrannten die Hütten und alle Vorräte und lieferten die Seneca einem bitteren, verlustreichen Hungerwinter aus.

Damit war die Macht und die Kraft der Irokesen endgültig gebrochen. In der großen Strategie sollten sie als militärischer Faktor künftig keine ernsthafte Rolle mehr spielen.

*

All das bedeutete, daß sich um die Shawnee-Nation eine mächtige Zange zu schließen begann. Auch wenn sie von den Irokesen nichts hielten und sie immer noch als »giftige Schlangen« bezeichneten: Die sogenannten »Langhausleute« bekämpften einen gemeinsamen Feind. Nach der Niederringung der Irokesen hatten sich die Amerikaner im Nordosten den Rücken freigekämpft. Im Westen hatten sie die kleinen, aber strategisch wichtigen Forts in Illinois unter ihre Kontrolle gebracht. Die Kickapoo, die Potawatomi und Weah schickten bereits Delegationen zu dem Amerikaner Clark, um die Möglichkeiten zu sondieren und das Kriegsbeil zu begraben. In Fort Pitt standen inzwischen rund 1400 Soldaten, die jederzeit und sehr rasch in der Lage waren, in das Kerngebiet der Shawnee einzumarschieren. Die US-Armee gab sich damit nicht zufrieden. Sie baute weitere Forts, die immer näher an das Stammesgebiet der Shawnee nördlich des Ohio heranrückten.

Nicht nur die militärische Strategie, auch religiös-pazifistische Entwicklungen bereiteten den Shawnee-Häuptlingen und -Ältesten Sorgen. Christliche Missionare, deutschstämmige, pazifistische Herrnhuther oder Moravier, wie sie im angelsächsischen Sprachraum genannt wurden, hatten bei den benachbarten und befreundeten Delaware Fuß gefaßt und so viel Einfluß gewonnen, daß sie drei Missionen aufbauen konnten, die sich Salem, Gnadenhutten und Schoenbrunn nannten. Der Missionar David Zeisberger konnte auf die stolze Zahl von inzwischen fast 300 Bekehrten verweisen. Unter den neuen indianischen Christen befand sich sogar der einflußreiche, grimmige, keine Gnade kennende Häuptling Netawatwe. Wie die ausgesandten Kundschafter berichteten, hatte dieser geachtete und gefürchtete Anführer

Das Schreckensbild eines irokesischen Kriegers aus dem 18. Jahrhundert

den Tomahawk für immer begraben. Statt sich weiter weiße Skalps an den Gürtel zu hängen, sang diese Rothaut jetzt fromme Psalmen. Für die Shawnee war ein weiterer zuvor verläßlicher Bündnispartner zu einem sehr unsicheren Kantonisten geworden.

*

Trotzdem hielten Überfälle und Blutvergießen an. Nachen, Prahme, Kielboote, Kanus, Flöße, riesige, »broadhorns« genannte Kähne - alles, was Menschen, Vieh und Gerätschaften zu tragen vermochte, driftete den Ohio hinunter. Nicht wenige der Flußschiffer vergnügten sich damit, jeden Indianer unter Feuer zu nehmen, der so unvorsichtig war, sich am Ufer aus der Deckung zu wagen.

Prompt schlugen die Shawnee zurück. Sie konzentrierten ihre Hinterhalte und Überfälle auf die Flußreisenden. Mit dieser Taktik verfolgten sie mehrere Ziele: Nach wie vor ging es ihnen prinzipiell darum, die weiße Flut einzudämmen. Ein weiteres Motiv war, blutige Rache für die ihnen zugefügten Verluste, für wirkliches oder vermeintlich erlittenes Unrecht zu üben. Sie wollten natürlich auch ihre eigenen kriegerischen Fähigkeiten unter Beweis stellen und - ein nicht zu unterschätzender Faktor - auf billige Art und Weise die unentbehrlich gewordenen Handelsgüter der Weißen aneignen.

Bei alledem konnte Häuptling Chiungalla jede Schuld von sich weisen, weil ja nicht der gesamte Stamm, sondern nur kleine Gruppen diese Untaten verübten; Individuen, die sich angeblich seiner Kontrolle entzogen hatten.

Tecumseh spielte häufig die Rolle des Lockvogels. Dank zwei von den Shawnee erst gefangengenommener, dann adoptierter Mädchen, den McKinzie-Schwestern, sprach er inzwischen ganz ordentlich englisch. Bekleidet mit zuvor den Weißen geraubten Kleidungsstücken, schrie er vom Ufer aus um Hilfe, gab vor, der einzige Überlebende eines Indianerüberfalls zu sein. Wenn die Boote dann an Land festmachten, um den »armen Jungen« an Bord zu nehmen, brachen die übrigen Krieger aus dem Hinterhalt hervor, töteten, skalpierten oder verschleppten die Insassen und bemächtigten sich ihrer Habe.

Für die eine Seite war das eine effektive Form des Freiheitskampfes, für die andere eine barbarisch-hinterhältige, eine blutige Wegelagerei. Der Zweck heiligte die Mittel.

Die Shawnee - wie die übrigen Stämme zwischen Appalachen und Mississippi - hatten längst erkannt: »Wenn ein Weißer einen Indianer tötet, ist das eine ehrenwerte Sache. Wenn dagegen ein Indianer einen Weißen in einem fairen Kampf umbringt, dann ist das Mord. Wenn eine amerikanische Militäreinheit die Indianer bekämpft und die Schlacht gewinnt, ist es ein großer Sieg. Wenn aber die Indianer das Treffen für sich entscheiden können, ist es ein Massaker. Unverzüglich wird eine größere und stärkere Armee ausgehoben, um blutige Rache zu üben. Wenn die Indianer vor einer übermächtigen Streitmacht fliehen, sind sie feige. Wenn sie zurückkehren, nachdem der Feind abgezogen ist, finden sie ihr Land von Bleichgesichtern in Besitz genommen und besiedelt. Wenn sie sich jedoch der Übermacht stellen, werden sie getötet und verlieren ihr Land ebenso. Wenn ein einzelner roter Krieger getötet wird, hinterläßt er Schmerz und Bedrückung - und eine Lücke, die nicht mehr geschlossen werden kann. Wenn dagegen ein Weißer im Kampf fällt, dann stehen sofort drei, vier andere für ihn bereit. So geht es endlos weiter. Die weiße Rasse ist ein Monster, das immer hungrig ist und Menschen und Länder auffrißt.«

In diese kritische Situation hinein – vielleicht auch von ihr herbeigeführt – fiel der Auszug eines beachtlichen Teils der Shawnee-Nation. Durch die Vermittlung des französischen Händlers Pierre Loramie hatte sich der spanische Gouverneur von Missouri, Baron de Carondelet, bereit erklärt, den Shawnee ein Gebiet von rund 100 Quadratkilometern zu überlassen. Es gingen fast alle Angehörigen des Thawegila- und Peckuwe-Clans, aber auch große Teile der kriegerischen Kispokotha, denen Tecumseh und Chiungalla angehörten. Es ging auch Methotasa, Tecumsehs Mutter. Sie hatte den Tod ihres Mannes nie verwunden, hatte ihre Umwelt kaum noch wahrgenommen und die Erziehung ihrer noch unmündigen Kinder ihrer Tochter Tecumpase überlassen.

Es blieben die Clans der Chawalahgawatha, der Maykujay und Reste der übrigen Fraktionen. Nach dem Auszug der Kleinmütigen zum Missouri lebten nicht einmal mehr 4 000 Shawnee in Ohio. Unter ihnen befanden sich nur noch etwa 800 Krieger.

Auch wenn sich das Häuflein der Standhaften von einer Welt von Feinden umringt sah, hatte der Shawnee-Wolf noch nicht alle Zähne verloren.

*

Wie üblich hatte der junge Tecumseh aufmerksam zugehört, als die Alten diese bedrohlichen Dinge besprachen. Er machte sich seine eigenen Gedanken. Aber wie sollte ein Knabe, auch wenn für sein Alter erstaunlich entwikkelt, nur versuchen wollen, den heraufziehenden Gewittersturm aufzuhalten?! Waren doch die eigenen Leute, mit denen er zuvor Wigwam an Wigwam gewohnt hatte, vor dem Unwetter geflohen! Die Freunde, mit denen er auf Pirsch gegangen war, wohin waren sie verschwunden? Viele der Krieger, die ihn im Gebrauch von Waffen unterwiesen hatten, würde er nie wiedersehen. Mancher der weisen Alten, die ihm von den Traditionen der Vergangenheit und den stolzen Siegen der Shawnee berichtet hatten, auch sie verbrachten den Rest ihrer Tage unerreichbar in der fernen Fremde. Aber vielleicht, so hoffte Tecumseh in seinem jugendlichen Optimismus, würde irgendwann doch der Tag heraufdämmern, an dem sich Tausende und Abertausende indianischer Krieger zusammenfinden und alle Langmesser und Bleichgesichter zurücktreiben würden über das tiefe, blaue Wasser, über das sie vor langen, langen Jahren gekommen waren, um Krankheit, Krieg, Not, Leid und Tod über die Indianer zu bringen.

Glücklicherweise sind solch ernste, tiefe und düstere Gedanken bei einem Jungen in Tecumsehs Alter alles andere als ein Dauerzustand. Seinem achtjährigen Bruder Lowawluwaysica, einem der Drillinge, war eine Flasche Whisky in die Hände gefallen. Der Achtjährige verehrte den älteren Tecumseh und teilte mit ihm. Die beiden Knaben begossen sich kräftig die Nasen. Während Tecumseh sich in diesem Zustand über ein krummes Stück Holz halbtot lachen konnte und wie verrückt herumhopste, wurde Lowawluwaysica mürrisch, streitsüchtig, aggressiv.

Merkwürdigerweise gelang es diesem Jungen immer wieder, für einen steten Nachschub der gefährlichen Droge Feuerwasser zu sorgen und Tecumseh zum Trinken einzuladen.

In diese Zeit fiel ein Jagdausflug der acht- bis zehnjährigen Jungen unter Tecumsehs Anleitung und Aufsicht. Wie üblich versuchten sie Karnickel, Eichhörnchen, Waschbären, Vögel, Opossums oder was immer sie an Niederwild auftreiben konnten, mit Pfeil und Bogen zu erlegen.

Am liebsten wäre es ihnen gewesen, wenn ein Schwarm Wandertauben über sie hinweggezogen wäre. Diese Vögel flogen seinerzeit millionenfach und in solch großen, dichten Schwärmen über den amerikanischen Osten, daß selbst der jüngste oder dümmste Schütze ein oder gar mehrere Exemplare des Federviehs mit einem einzigen Pfeil herunterholen konnte.

Es zeigten sich keine Tauben. Statt dessen flog unheilverkündend eine einzelne, schwarze Krähe über die Gruppe der jungen Jäger hinweg. Sauwaseekau, einer der Drillingsbrüder Tecumsehs, hatte zufällig einen Pfeil auf der Sehne. Er zielte, verfehlte. Er rief seinen Kameraden eine Warnung zu, als der Pfeil herunterkam. Exakt in diesem fatalen Moment hob Lowawluwaysica den Kopf, blickte nach oben und wurde vom Pfeil ins rechte Auge getroffen.

Der Junge stürzte schreiend zu Boden. Da war auch schon sein Bruder Tecumseh bei ihm. Er wies die anderen an, den Verletzten festzuhalten. Der Elfjährige packte den Pfeil und zog ihn heraus. Das Auge war rettungslos verloren, aber Lowawluwaysica überlebte, nachdem der Medizinmann Change of Feathers die schwere Wunde versorgt hatte.

*

Ein paar Monate danach, im Sommer des Jahres 1779, geschah das Unerhörte, das Unabwendbare, das schon lange Befürchtete: Das Shawnee-Dorf Chlahgawatha wurde von den Langmessern angegriffen. Der Überfall ereignete sich, als sich die meisten der Krieger auf ihren bis tief nach Kentucky hinein führenden Raids in unerreichbarer Ferne befanden.

Es war keine von langer Hand geplante, sondern eine eher zufällige Attacke einer rund 250 Mann starken Miliztruppe unter Colonel John Bowman. Den Milizionären standen allenfalls 30, höchstens 40 Shawnee-Krieger gegenüber.

Als die ersten überraschenden Schüsse fielen und die Shawnee die verzweifelte Lage sondiert hatten, schickten sie die Frauen und Kinder eilends in das Council House. Auch sie selbst zogen sich - immer wieder feuernd - dorthin zurück, um ihr Leben so teuer wie möglich zu verkaufen. Merkwürdigerweise wagten die Langmesser nicht den letzten entschlossenen und entscheidenden Angriff. Sie gaben sich vorerst zufrieden, die Wigwams zu plündern und dann anzuzünden. Das gab den Verteidigern Gelegenheit zu einer Atempause und zu weiterem gezielten Abwehrfeuer, dem ein Dutzend ihrer Feinde zum Opfer fielen. Dann erst nahmen die Angreifer das Council House unter Beschuß. Einer der Verteidiger wurde getötet, Häuptling Chiungalla schwer getroffen. Einzelne der Frauen begannen, die monotonen Todesgesänge anzustimmen.

Die übrigen schossen weiter. Offensichtlich überschätzten die unerfahrenen Milizionäre und ihr Kommandeur die Zahl und die Bewaffnung der Shawnee-Krieger. Die Shemanese genannten Langmesser scheuten den letzten Ansturm auf das Haus, sie plünderten und brannten weiter. Sie gaben sich schließlich damit zufrieden, die im Camp verbliebenen rund 150 Pferde wegzutreiben. Aber auch hier stellten sie sich ungeschickt an: Zwei, drei Dutzend gingen durch und entkamen ihnen.

Tecumseh und andere fingen die versprengten Reittiere rasch wieder ein und machten sich unter der Führung eines älteren, Frog Hunter genannten Kriegers auf die vorsichtige Verfolgung des Gegners. Sie schlossen rasch auf und begannen, die Nachhut von Bowmans Soldaten unter Feuer zu nehmen. Der Colonel ordnete sofort »das Ganze halt« an und formierte seine Truppe im Carré in Verteidigungsposition. Aber es erfolgte kein Angriff. Die Milizionäre warteten ab. Dann zogen sie weiter.

Wieder griffen die Shawnee aus dem Hinterhalt an, und wieder nahm die Miliz Verteidigungsposition ein, ohne daß etwas geschah.

Das Spielchen wiederholte sich mehrfach, bis es einem der Offiziere Bowmans zuviel wurde. Er formierte seine Kompanie zum überraschenden Gegenangriff. Obwohl auch er die Indianer weder stellen, noch ihnen Verluste zufügen konnte, hörten die Angriffe auf. Die Rothäute zogen sich zurück.

Die Shawnee hatten 31 Feinde getötet. Die Verluste an Pferden und an materiellen Gütern würden sie bald wieder durch ihre Überfälle auf die Ohio-Boote und auf ihren Raids gegen die Siedler in Kentucky kompensiert haben. Doch das machte ihre Toten nicht wieder lebendig. Und einer der beiden Gefallenen war Häuptling Chiungalla, der seiner Verwundung erlegen war.

*

Kurz danach gelang den Shawnee ein kapitaler Fischzug. Aus einem Hinterhalt heraus überfielen sie wieder einmal eine kleine Flottille von fünf Versorgungsbooten der US Army auf dem Ohio. Lediglich eins der Boote konnte entkommen. Von den Besatzungen der übrigen Boote wurden 45 Mann getötet, fünf gefangengenommen. Die Shawnee hatten zwei Krieger verloren. Die Beute war überwältigend: Zwei Tonnen Bleibarren mit den Formen zum Kugelgießen. Eine Tonne Schießpulver verteilt auf 40 Fäßchen. Zwei Kisten mit je zwei Dutzend brandneuen Vorderladern. 50 Ballen bestes Uniformtuch, zwei Dutzend Fäßchen Rum, eine Kriegskasse, gefüllt bis obenhin mit Silberdollars und vieles andere mehr.

Tecumseh, obwohl mit seinen elf Jahren noch weit entfernt, als vollwertiger Krieger anerkannt zu werden, hatte sich als Scout, Melder, Helfer in allen möglichen und unmöglichen Situationen, durch seinen Mut und sein Geschick, vor allem durch seine Englisch-Kenntnisse unentbehrlich gemacht. Er war auch an diesem erfolgreichen Überfall auf dem Ohio beteiligt und brachte im Triumph seinen Anteil an der Beute zurück ins Camp. Es war ein Fäßchen Rum, das er mit seinem Bruder, dem jetzt einäugigen Lowawluwaysica, teilte.

Frieden nach dem Diktat der Weißen

Mitte des Jahres 1780 sah es so aus, als ob die Briten endlich ihr Versprechen wahrmachten, die Kentucky-Forts der Amerikaner anzugreifen und zu vernichten. Sofort versammelten sich über 500 Shawnee-Krieger, um sich den Soldaten unter Captain Henry Bird anzuschließen. Wieder war Tecumseh mit von der Partie. Wie alle anderen fieberte er ungeduldig dem Geschehen entgegen. Es war die größte und best ausgerüstete Streitmacht, die die Shawnee bisher an ihrer Seite gesehen hatten: 100 reguläre Rotröcke, 70 kanadische Ranger in ihren grünen Uniformen, 100 Ojibwa- und Ottawa-Indianer, 300 Wyandot beziehungsweise Delaware, kleine Gruppen der Miami und Potawatomie. Insgesamt stellten sie die imponierende Zahl von 1250 Kämpfern. Was die Indianer besonders beeindruckte: Ihre Verbündeten verfügten über ein halbes Dutzend mächtiger Donnerrohre, darunter ein auf eine Lafette montierter, veritabler Sechs-Pfünder.

Das erste Ziel und Auftakt des Feldzugs war Ruddel's Station am Licking River. Diesmal brauchten die Indianer sich über besondere Listen weder die Köpfe zu zerbrechen, noch sonstwie zu taktieren: In gespannter Erwartung warteten sie auf die Blitze und Donnerschläge, die den Mäulern der bronzenen Ungeheuer entfuhren. Als sie dann sahen, wie der erste Schuß bereits eine beachtliche Bresche in die Wand eines der Blockhäuser der Befestigungsanlage riß, waren sie kaum noch zurückzuhalten. Der Einschlag beeindruckte nicht nur sie selbst, sondern noch mehr die Verteidiger. Sie hißten die weiße Fahne.

Wie üblich trafen sich die Parlamentäre beider Seiten. Captain Bird verlangte die Entwaffnung der hundertköpfigen Besatzung, die Öffnung der Tore. Er garantierte die Sicherheit der Gefangenen, die nach Detroit geschickt werden sollten.

Die Amerikaner glaubten keine andere Wahl zu haben, als die Bedingungen zu akzeptieren. Kaum aber waren die Tore geöffnet und die Vorderlader der Verteidiger auf einem Haufen aufgeschichtet, brachen die aufgestauten Rachegelüste der Indianer unaufhaltsam durch. Sie stürmten in das Fort und hieben - ohne Rücksicht auf Alter und Geschlecht - mit ihren Tomahawks und Keulen auf die wehrlosen Gefangenen ein. Nach ein paar Minuten waren zwei Dutzend Amerikaner tot und viele andere verwundet.

Während des Durcheinanders bemächtigte sich Tecumseh eines gleichaltrigen jungen Weißen. Er hieß Stephan Ruddel und war der Neffe des Befehlshabers der Station. Tecumseh nahm Stephan als seinen persönlichen Gefangenen mit.

Captain Bird warf sich entschlossen zwischen die entfesselten Rothäute und die Gefangenen. Er riskierte Leib und Leben. Es gelang ihm schließlich, das sinnlose Gemetzel zu beenden - endgültig, wie er glaubte. Doch als dann die Gefangenen zum Abmarsch nach Detroit zusammengetrieben wurden, mußte er mitansehen, wie die Indianer alle Verwundeten rücksichtslos und brutal erschlugen. Danach begann die große Plünderung. Die Rothäute schleppten alles weg, was nicht niet- und nagelfest war.

Captain Bird rief die Häuptlinge zusammen und erklärte ihnen in aller Entschiedenheit, er könne diese barbarische Art der Kriegführung nicht akzeptieren. Sein weiteres Vorgehen würde er vom Verhalten der Rothäute abhängig machen. Sollte sich ein solches Massaker wiederholen, würde er den Feldzug abbrechen und nach Detroit zurückkehren.

Die Häuptlinge blickten verständnislos: Wie sollte man ohne Blutvergießen, ohne Rache an den Besiegten nehmen zu können, einen erfolgreichen Krieg führen, wie sonst konnte man die Kämpfer motivieren? Wohl wissend, daß sie lediglich der Artillerie der Rotröcke diesen Erfolg zu verdanken hatten und künftige Erfolge von dem Einsatz des »Großen Donners« abhängig sein würden, gaben sie widerwillig ihre Zustimmung, all ihren Einfluß geltend zu machen, um die Gefangenen vor dem Übermut und der Rache ihrer Krieger nach Kräften zu schützen.

*

Das nächste Fort, Martin's Station, zeigte die weiße Flagge, ohne daß ein Schuß abgefeuert wurde. Die Insassen, an die hundert Männer, Frauen und Kinder, wurden gefangengenommen.

Nach diesem neuerlichen, leichten Erfolg wollten die Indianer sofort weiter, um ein drittes Kentucky-Fort anzugreifen.

Captain Bird sah sich vor einem unlösbaren Dilemma: Er wußte, daß die Häuptlinge sich zumindest halbherzig bemühten, ihre Krieger im Zaum zu halten. Er wußte aber auch, daß ihnen das kaum gelingen würde. Entweder schwächte er seine Truppe über das vertretbare Maß hinaus, um die Gefangenen zu bewachen und vor den Übergriffen seiner Alliierten zu schützen, oder er überließ eine inzwischen auf ein halbes Tausend angewachsene Masse wehrloser Menschen dem tödlichen Mutwillen der entfesselten Rothäute.

Bird entschloß sich, die Kampagne abzubrechen und mit den Gefangenen nach Detroit zurückzukehren. Die Indianer, eben noch siegestrunken und mit Beute beladen, waren konsterniert, beleidigt, tief getroffen. Die große Chance, die weißen Eindringlinge aus ihren Lieblingsjagdgründen, aus Kentucky, hinauszuwerfen, war vertan. Als dann auch noch der Sechs-Pfünder beim Übergang über den Ohio durch eine Unachtsamkeit über Bord ging und in den Fluten des Stromes versank, wurde der Verlust dieses mächtigen Donnerrohres als zusätzliches böses Omen betrachtet.

Der Sitte entsprechend mußte Tecumsehs Gefangener Stephan Ruddel den Spießrutenlauf über sich ergehen lassen. Entweder wandten die Indianer diesmal eine milde Form der Tortur an oder der Junge zeigte soviel Agilität, Gewandtheit und Schnelligkeit, daß er mit wenigen, harmlosen Schlägen davonkam. Er wurde von Tecumsehs Bruder Chiksika formell adoptiert, erhielt den Namen Sinnanatha oder Big Fish und war fortan ein Shawnee. Die beiden Jungen schlossen sich eng zusammen und profitierten gegenseitig von ihrer Freundschaft: Sinnanantha hatte einen guten Lehrmeister in Sprache und Lebensstil der Shawnee. Tecumseh verbesserte sein Englisch und bekam tiefere und weitere Einblicke in die Welt der Weißen, als ihm die beiden McKinzie-Schwestern vermitteln konnten.

*

Noch im Jahr 1780 brach Tecumseh zusammen mit Chiksika zu dem weiten Ritt in den fernen Westen auf. Der

Grund ist unbekannt. Vielleicht war es nichts anderes als die Reiselust, das ererbte Nomadentum der Shawnee, die Herausforderung der Fremde und des Abenteuers, das Interesse die Lebensformen weit entfernt lebender Menschen, das große, aufregende Unbekannte zu entdecken.

Wo sie überall herumzogen, ist schwer nachvollziehbar. Wahrscheinlich ritten sie hinauf bis zu dem heute Lake Superior genannten Binnenmeer; sie querten die Wald- und Seenlandschaft Minnesotas, wo die Santee Sioux und die weitverzweigten Ojibwa hausten. Sie erreichten die Urgroßmutter aller Flüsse, den Mississippi, durchritten das Land der Sac- und der Fox-Indianer, passierten die Dörfer der Mandan. Sie mieden das Territorium der unberechenbaren, mit allen Nachbarn auf Kriegsfuß stehenden Osage. Sie besuchten in Missouri ihre alten Stammesgenossen, die Shawnee, die sich zwei Jahre zuvor von ihnen getrennt hatten. Danach kehrten sie in ihre Heimat nördlich des Ohio zurück.

Es kann nur vermutet werden, welchen Einfluß diese Reise auf die Entwicklung des zwölfjährigen Tecumseh genommen hat. Fest steht, daß sein Blick ungeheuer geweitet, daß seine Perspektive eine andere geworden war. Im Gegensatz zu den meisten seiner Stammesgenossen sah er in der Heimat nördlich des Ohio nicht mehr das Zentrum der Welt und die Shawnee selbst nicht mehr als die einzigen wahren und rechtmäßigen Bewohner der Erde an.

Die Anerkennung und das Prestige, das Risiko einer solchen Reise unternommen und zu einem glücklichen Ende geführt zu haben, aber auch die gewonnenen Erfahrungen gaben den Ausschlag, daß Tecumseh, obwohl erst zwölfeinhalb Jahre alt, vollen Kriegerstatus erhielt. Seine

Schwester Tecumpase flocht ihm ein Messingmedaillon, an dem sie eine Adlerfeder befestigt hatte, in die Haare über seinem linken Ohr. Tecumseh hatte jetzt eine Stimme im Council; er konnte seine eigenen Entscheidungen fällen, wem er sich bei einem Kriegszug anschließen würde. Darüber hinaus durfte er eine eigene Truppe für die Jagd und den Krieg zusammenstellen und als ihr Anführer fungieren. Nicht einmal die Ältesten konnten sich erinnern, daß es je einen Mann gegeben hatte, der in so jungen Jahren diesen Status erlangte.

Dieses persönlich so wichtige und positive Ereignis wurde überschattet von den schlechten Nachrichten, die den beiden Rückkehrern übermittelt wurden. Während ihrer Abwesenheit hatten die Amerikaner eine über tausend Mann starke Truppe mit einer beachtlichen Artillerie-Abteilung unter dem Befehl des Eroberers von Kaskaskia und Cahoika, George Rogers Clark, aufgestellt. Sie waren in das Shawnee-Territorium eingefallen und direkt auf Chalaghawatha zumarschiert.

Der nach Chiungallas Tod gewählte Häuptling Catahecassa hatte nicht mehr als hundert Krieger zur Verfügung. Er hatte sofort die Räumung des Dorfes verfügt. Die Indianer waren nach Norden zum Mad River ausgewichen. Schließlich waren an die 300 Shawnee- Kämpfer zusammengekommen, die sich Clarks Armee entgegenstellten. Nach dem Verlust von 26 Toten, vielen Verwundeten und angesichts der eingesetzten Kanonen mußten sie sich zurückziehen. Wie üblich hatten die Amerikaner die Wigwams verbrannt, die Ernten zerstört und waren dann wieder abgezogen.

*

Inzwischen kursierten Gerüchte über die ersten Friedensgespräche zwischen den rebellischen Amerikanern und den einstigen englischen Kolonialherren. Trotzdem war es noch ein langer, blutiger Weg bis Yorktown, bis zur letzten großen Schlacht des Unabhängigkeitskrieges, und zum Frieden.

Franzosen und Spanier – die alten Antagonisten britischer Expansionsbestrebungen – unterstützten die Amerikaner in ihrem Kampf um die Unabhängigkeit. Doch weder die Erfolge der Revolutionstruppen noch die ihnen direkt zufließende Hilfe Frankreichs führte zu einer Entscheidung. Einmal mehr sollte der den Briten eigene Pragmatismus die ebenso kostspielige wie blutige Affäre beenden. Es geschah nach dem Motto: »Es ist garantiert einträglicher, mit einer neuen Nation zu handeln, als gegen die eigene Kolonie eine teure und verlustreiche Kampagne zu führen.«

*

Bis es soweit war, setzten die Shawnee ihre ureigenen Vorstellungen vom Krieg in die Tat um: Sie legten wieder einmal einen Hinterhalt am Ohio, diesmal bei einer »Tree Islands« genannten Stelle. Ein halbes Hundert Krieger, unter ihnen der inzwischen 13jährige Tecumseh, versteckten sich mit ihren Kanus in einem kleinen Zufluß. Als nach langem Warten endlich zwei große, vollbeladene Kielboote in Sicht kamen, schossen die schnellen Kanus in den offenen Fluß hinaus und griffen die schwerfälligen Boote an. Die Männer an den Rudern wagten nicht, das Feuer der Indianer zu erwidern. Sie legten sich statt dessen in die Riemen, ruderten und stakten mit Macht, um das Ufer auf der Kentucky-Seite zu gewinnen. Dort wollten sie sich verteidigen oder sonstwie in Sicherheit bringen. Es war vergeblich. Die schnellen und wendigen indianischen Birkenrinden-Kanus kamen gleichzeitig mit den großen Holzbooten am Ufer an. Es gab einen kurzen Kampf. Dann lagen die Weißen – 18 Männer, zwölf Frauen, neun Kinder – in ihrem Blut. Die Indianer machten sich daran, die Leichen zu skalpieren. Zwei Frauen, ihre beiden Babies, zwei halbwüchsige Kinder und ein Verwundeter waren gefangengenommen worden.

Tecumseh sah zu seinem Entsetzen, wie einige der Krieger daran gingen, die Toten mit ihren Messern förmlich in Stücke zu schneiden. Andere schienen ihren Blutrausch immer noch nicht gestillt zu haben: Sie metzelten auch noch die wehrlosen Gefangenen, die Frauen, die Kinder, die Babies und den Verwundeten, nieder.

Tecumseh wandte sich schaudernd ab, aber er sagte nichts. Was sollten die Worte eines 13jährigen, der kein Blut mehr sehen konnte?! Der vielleicht zu früh in den Status eines vollwertigen Kriegers erhoben worden war?! Jedes Wort der Kritik würde ihm als Schwäche ausgelegt werden. Tecumseh schämte sich, für seinen Bruder, für seine Mitkämpfer.

Krieg verroht die Menschen. Rote wie Weiße. Im April 1782 erschien eine amerikanische Truppenabteilung unter Colonel David Williamson in Gnadenhutten unter den friedlichen, christlichen Delaware. Williamson ordnete an, daß alle Indianer gebunden und in die Kirche und das anliegende Wohnhaus des Missionars gebracht werden sollten. Nachdem dies geschehen war, wurden die Indianer auch noch an den Füßen gefesselt und nacheinander mit schweren Hämmern erschlagen. 35 Männer, 27 Frauen, 34 Kinder. Nachdem die Toten skalpiert worden waren, wurden Kirche und Wohnhaus mit den darin liegenden Leichen angezündet und verbrannt.

*

Immer häufiger tauchte unter den Shawnee ein gewisser Simon Girty auf. Er war einer der vielen zu einem Grenzgänger zwischen den Welten gewordenen Weißen. Auch er war hin- und hergerissen zwischen zwei extrem unterschiedlichen Lebensformen und Kulturen. In den Augen der Weißen war er ein besonders schlimmes Exemplar von einem Verräter. Er galt als Anstifter und Anführer von Raub- und Mordzügen gegen die eigene Rasse. Man sagte ihm nach, er agiere grausamer als die schlimmste Rothaut und stifte seine Spießgesellen zu jeder denkbaren und undenkbaren Form von Bestialität an. Wenn die Grenzer von einem tollwütigen Hund redeten, sagten sie: »Er benimmt sich wie Simon Girty.« Die Weißen setzten schließlich die für damalige Verhältnisse enorme Summe von 800 Dollar auf seinen Kopf. Doch sie wurden seiner nicht habhaft.

Simon Girty war 1741 geboren und als 14jähriger mit seinem Stiefvater, seiner Mutter und drei Brüdern bei einem Delaware-Überfall gefangengenommen worden. Der Stiefvater wurde gemartert und skalpiert, er selbst an die irokesischen Seneca verkauft. Als 18jähriger tauchte er wieder bei den Weißen auf und agierte als Dolmetscher.

Simon Girty ließ sich von den amerikanischen Revolutionstruppen anwerben, um nach kurzer Zeit zu desertieren. Danach bot er seine Dienste den verfeindeten Briten an. Auch dort hielt es ihn nicht lange. Irgendwann tat sich Girty mit seinen beiden Brüdern George und James zusammen. Sie lebten bei den Wyandot, den Mingo und später unter den Shawnee.

Bei den Rothäuten genoß vor allem Simon Girty einen hervorragenden Ruf als unentbehrlicher Berater, als gewitzter und kaltblütiger Streiter und Verbündeter in ihrem Versuch, die heranrollende Lawine der feindlichen Truppen und Siedler aufzuhalten. Er kannte die Militärtaktiken, er kannte die Mentalität der Soldaten und Offiziere. Er konnte die Schwächen und Stärken der Amerikaner besser als jede Rothaut beurteilen.

*

Obwohl die Feindseligkeiten zwischen Briten und Amerikanern offiziell eingestellt waren, belieferten die Engländer die mit ihnen verbündeten Stämme weiter mit Waffen und Munition. Dementsprechend hatten Mord und Totschlag an der Grenze weiter Konjunktur. Die Kunde von dem Massenmord von Gnadenhutten war wie ein Lauffeuer im Land herumgegangen und von einem Stamm zum nächsten weitergereicht worden. Das Verbrechen wurde Anlaß und Rechtfertigung für weiteres Blutvergießen, für unsäglich grausame Racheakte und neuerliche Vergeltungsaktionen.

Eine 500 Mann starke amerikanische Vigilanten-Truppe unter Colonel William Crawford war am oberen Sandusky erschienen, um die Delaware- und Wyandot-Siedlungen in diesem Raum »mit Stumpf und Stiel zu vernichten«. Das hieß im Klartext: Jeder Indianer, ganz gleich, ob Mann, Frau oder Kind, sollte getötet werden. Doch die Rothäute waren auf der Hut und zogen an die tausend Krieger zusammen. Simon Girty, in beiden militärischen Denkweisen zu Hause, half den Indianern bei der Ausarbeitung einer erfolgversprechenden Taktik, die einmal mehr in einem Hinterhalt bestand. 70 Amerikaner wurden getötet und 30 gefangengenommen, darunter Colonel Crawford.

Manche Quellen behaupten, Simon Girty habe sich mit allen ihm zur Verfügung stehenden Mitteln eingesetzt, Crawford zu einem hohen Preis an die Engländer zu verkaufen und damit dessen Leben zu retten. Andere Quellen wiederum sagen, daß Crawford Girty um die letzte Gnade bat, seinen Leiden mit einer gut gezielten Kugel ein schnelles Ende zu bereiten. Sie behaupten, der Renegat hätte sich hohnlachend umgedreht, wäre weggegangen und hätte den Weißen seinem grausigen Schicksal überlassen. Wie es wirklich war, wird nie geklärt werden können.

Die Delaware jedenfalls wollten seinen Tod. Sie malten Crawfords Gesicht schwarz an, marterten ihn und verbrannten ihn bei lebendigem Leibe.

Auch bei der Belagerung von Bryan's Station durch die Shawnee spielte Girty eine wichtige Rolle. Tecumseh war dabei einer seiner verläßlichen Späher, der die Bewegungen der Kentucky-Milizen verfolgen sollte. Die alte, immer wieder ausgespielte Karte stach auch diesmal: Die heranrückende Entsatztruppe wurde von einer scheinbar panikartig fliehenden, kleinen Gruppe von Shawnee in einen Hinterhalt gelockt, die übrigen Krieger ließen die Falle zuschnappen. Sie töteten über 80 ihrer Feinde und verloren selbst nur drei Krieger.

Diese Erfolge provozierten postwendend massive Strafexpeditionen und Gegenschläge der Amerikaner. Diesmal war es der gefürchtete George Rogers Clark, der mit 800 Mann und Artillerie-Unterstützung anrückte. Die Shawnee hatten gar keine andere Wahl, als ihre Maisvorräte in eingefettete Fellsäcke zu füllen, diese zu vergraben und ihre Dörfer – darunter einmal mehr Chalaghawatha – dem Feind und der Zerstörung zu überlassen.

Die Aktion hatte zur Folge, daß eine weitere Shawnee-Gruppe ihre Zelte im Ohio-Hinterland abbrach und sich nach Westen, in die Sicherheit Missouris, absetzte.

Die Kämpfe flauten ab. Im Sommer 1783 empfahl der Oberbefehlshaber der Briten, der Schweizer General Frederik Haldimand, seinen indianischen Bundesgenossen, die Überfälle gegen die Weißen einzustellen, da es alsbald zu einem Friedensvertrag zwischen Briten und den Revolutionären käme.

Die sogenannten Loyalisten, die die britische Seite während des Revolutionskrieges unterstützt hatten, packten ihre Sachen und flohen in Massen nach Norden über die kanadische Grenze. In eine Region, wo weiter der Union Jack, die Flagge der Briten, und nicht das neue Sternenbanner an den Masten flatterte.

Die freien und unabhängigen Indianerstämme zwischen den Appalachen und dem Mississippi waren jedoch darauf angewiesen, sich selbst zu helfen und sich der von Osten anrollenden weißen Siedlerinvasion entgegenzustemmen. Nach ihrer Ansicht gehörten sie keineswegs zu den Besiegten. Noch waren sie die Herren ihres Geschicks und des Landes, auf dem sie lebten. Sie vertraten ihren Standpunkt mit großem Selbstbewußtsein und Stolz. Sie wehrten sich weiterhin mit allen Kräften gegen den wie Krakenarme um sich greifenden Besiedlungsdruck der Weißen.

Im September 1783 war der Friedensvertrag zu Paris geschlossen worden. Nach zeitgenössisch-europäischer Attitude war es nicht verwunderlich, daß in diesen Verhandlungen die Eingeborenen kaum offizielle Erwähnung fanden. Lediglich der Spanier Conde de Aranda versuchte halbherzig, das Land zwischen den Appalachen und dem Mississippi, »auf das die USA kein Recht haben, den freien und unabhängigen indianischen Nationen zu überlassen«.

Der Engländer Lord Shelbourne hielt dagegen: »In dem gegenwärtigen Vertrag mit Amerika werden die indianischen Nationen keineswegs ihren Feinden ausgeliefert, sondern der Obhut ihrer weißen Nachbarn anvertraut.«

General Halimand, der britische Oberbefehlshaber, wollte sich jedoch auf kein Risiko für seine verläßlichsten Verbündeten einlassen. Er betrieb die Umsiedlung der Mehrheit der Irokesen auf das sichere kanadische, nach wie vor der britischen Krone unterstehende Territorium.

Verständlicherweise hatte der junge unabhängige nordamerikanische Staat auch nach dem Friedensvertrag seine schmerzhaften Geburtswehen noch lange nicht überwunden. Die Finanzen waren hoffnungslos zerrüttet. Jede der einstigen 13 Kolonien gedachte, ihr eigenes Süppchen zu kochen. Erst der Verfassungskonvent von 1787 unter dem Vorsitzenden George Washington sollte aus einem lockeren Zusammenschluß einen echten Staatenbund machen und die politischen Verhältnisse konsolidieren.

George Washington hatte dem Congress der jungen Nation schon lange zuvor einen Plan unterbreitet, wie man das »Indianerproblem« ohne den immensen Aufwand eines nicht mehr finanzierbaren Krieges lösen könne: Immer mehr Siedler sollten einen sich ständig vergrößernden Druck auf die verbliebenen Eingeborenen ausüben. Die US-Regierung tat das ihrige. Statt des fälligen Wehrsolds überließ sie den demobilisierten Revolutionstruppen große Gebietstrakte, die den Indianern gehörten. Die Regierung bezahlte mit fremdem Besitz.

Der strategische Hintergedanke war, daß die Zeit den amerikanischen Usurpatoren in die Hand spielte: Die sich immer mehr ausbreitenden Weißen, so kalkulierte man, würden zuerst das Wild für ihre Kochtöpfe abschießen und dadurch ganze Regionen für die Indianer unattraktiv und letztendlich unbewohnbar machen. Ferner würden die kampferprobten Revolutionsveteranen und die Neusiedler, die ebenfalls mit der Waffe umgehen konnten, die Rothäute in ihren Schranken halten, ohne die Regierung zur Finanzierung kostspieliger Feldzüge zu zwingen.

All diese Druckmittel zusammengenommen – so die Überlegungen Washingtons – würden mehr oder weniger automatisch dazu führen, daß die Indianer nach und nach ihre Siedlungsgebiete östlich des Mississippi aufgeben und sich in die endlosen, noch unbekannten und offenbar wertlosen, einst den Spaniern zugeschlagenen Ebenen westlich des »Ol' Man River«, des Mississippi, zurückziehen würden.

Die Ruhe vor dem Sturm

Man schrieb immer noch das für die Sache der Indianer fatale Jahr 1783, als Tecumseh zusammen mit seinem Bruder Chiksika und einem knappen Dutzend weiterer unternehmungslustiger Shawnee-Krieger zu einer zweiten großen Reise in den Westen und Süden aufbrach. Zuerst besuchten sie die alten Stammesgenossen und -genossinnen, die sich in Missouri angesiedelt hatten und dort offenbar glücklich und zufrieden dahinlebten. Der Whisky floß in Strömen. Wie es heißt, trank Chiksika moderat, Tecumseh dagegen exzessiv. Doch zu mehr als ein paar harmlosen Streichen und Clownerien ließen sie sich nicht hinreißen.

Danach besuchten sie ihre alten Freunde, die diesseits des Mississippi lebenden Kickapoo, wandten sich darauf auf dem alten Cherokee-Trail nach Süden. Als sie im westlichen Kentucky auf eine Büffelherde stießen, ließ sich der einmal mehr angetrunkene Tecumseh zu einer vollkommen überflüssigen Verrücktheit hinreißen: Er galoppierte geradewegs in die Herde hinein, hielt eine Weile direkt neben einem dahinrasenden Bullen das Tempo und sprang, das Messer zwischen den Zähnen, mit einem mächtigen Satz auf den Rücken des Tieres. Er hielt sich eine Weile erst mit zwei, dann mit einer Hand an der Mähne des in Panik dahinstürmenden Büffels und holte mit der anderen aus, um die Beute abzustechen. Der Bulle spürte den plötzlichen Schmerz, war aber keineswegs tödlich getroffen. Er warf sich herum, und

Tecumseh flog im hohen Bogen zwischen die über die Prärie stampfenden, mächtigen Tiere.

Er hatte unverdientes Glück. Die Hufe zermalmten ihn nicht, sie streiften ihn lediglich. Tecumsehs Kameraden gelang es mit entschlossenem Eingreifen, dem Gros der Herde eine andere Richtung zu geben, Tecumseh vom Boden aufzuraffen und in Sicherheit zu bringen.

Das Resultat des grenzenlosen Leichtsinns und des trunkenen Übermutes war ein gebrochener Hüftknochen. Die Shawnee standen vor der Alternative, Tecumseh seinem Schicksal zu überlassen und weiterzureiten, oder den Winter über bei ihm zu bleiben und den Heilungsprozeß abzuwarten. Für Tecumseh war es ein glücklicher Umstand, daß sie sich mitten im Büffelrevier befanden, daß die Herausforderung der Jagd auf die mächtigen Tiere und die Aussicht auf gefüllte Fleischtöpfe seine Kumpane zum Bleiben bewogen.

Tecumseh schwor, nie mehr einen Tropfen Alkohol anzurühren. Er brach das Gelöbnis Zeit seines Lebens nicht mehr.

Als der Schnee weggetaut war, hinkte der junge Shawnee zwar immer noch, doch der Knochenbruch schien ihn weder beim Reiten noch in seinen sonstigen Bewegungen zu behindern oder auch nur zu schmerzen. Trotzdem begleitete ihn das »Andenken« an seinen letzten Suff sein ganzes Leben lang. Es zeigte sich in seinen Bewegungen, beeinträchtigte jedoch nicht seine Agilität.

Die jungen Shawnee ritten weiter nach Südosten zu den Cherokee. Sie nahmen an den Kriegszügen und Überfällen dieses Stammes teil, der auch nach dem Friedensvertrag weiter gegen die Amerikaner kämpfte. Durch ihr Geschick, ihre Umsicht, ihre offenbar angeborene Kampftüchtigkeit gewannen die Shawnee rasch die

Anerkennung und Zuneigung ihrer Gastgeber. Chiksika heiratete ein Cherokee-Mädchen. Sie blieben zwei Jahre und kehrten dann in ihre Heimat zurück.

*

In der Zwischenzeit hatte sich scheinbar wenig Entscheidendes getan - außer, daß sich ganz offensichtlich die Waagschale weiter zugunsten der Weißen neigte. Die Amerikaner hatten Kentucky vollständig überflutet. Inzwischen lebten hier an die 50 000 Menschen. Auch weite Teile des nördlich des Ohio gelegenen Gebietes waren offiziell zur Besiedlung geöffnet worden. Das Militär hatte weitere befestigte Stützpunkte gebaut.

Lediglich ein Ereignis erfüllte Tecumseh und Chiksika mit besonderer Freude: Ihr Adoptivbruder Blue Jacket war Kriegshäuptling geworden.

Auch diese große Reise hatte den Horizont des inzwischen 19jährigen Tecumseh erweitert. Er war nachdenklicher geworden. Warum, so gingen seine Überlegungen, behielten die Weißen immer das bessere Ende für sich? Doch nicht, weil sie tapferer oder geschickter waren als die Indianer! Wie konnte es geschehen, daß ihre Zahl inzwischen ins Unendliche angewachsen war? Wie die Alten und die Überlieferung berichtete, war es anfänglich gar nicht so gewesen. Der wichtigste Vorzug der weißen Rasse gegenüber den Indianern, so folgerte Tecumseh, war ihr Zusammenhalt. Auch wenn sich - wie in der Vergangenheit - Franzosen und Engländer und in den letzten Jahren Engländer und Amerikaner bekriegten, so standen sich jeweils nur zwei große Gruppierungen gegenüber.

Wenn er dagegen die eigene, die indianische Seite betrachtete, dann erinnerte sie ihn an eine Meute bissiger Hunde, die nach allem Erreichbaren schnappten. Dabei spielte es keine Rolle, wer und was so dumm oder so unglücklich war, sich in ihre Nähe zu begeben. Wenn es sein mußte, bissen sie sogar ihre eigenen Brüder. Die Shawnee hatten sich mit den Irokesen herumgeschlagen, die Ojibwa mit den Santee-Sioux, die wilden Osage mit jedem ihrer Nachbarstämme. Die Irokesen hatten sich sogar gegenseitig getötet, als die Tuscarora und Oneida auf der Seite der Amerikaner und die Seneca, die Mohawk, Cayuga und Onondaga auf der Seite der Engländer standen. Die Creek und die Cherokee im Süden waren sich spinnefeind und massakrierten einander bei jeder sich bietenden Gelegenheit.

Tecumseh hatte nicht genügend Finger an den Händen, die Kämpfe aufzuzählen, die sich die verfeindeten Parteien geliefert hatten und die er trotz seiner jungen Jahre selbst erlebt hatte. Er hätte Stunden und Tage damit zubringen können, sich an all den Streit und die Zwistigkeiten und das sinnlose Blutvergießen der Indianer untereinander zu erinnern, von denen die Alten berichtet hatten.

In dem jungen Shawnee reifte der Gedanke, daß nur eine große indianische Konföderation, besser noch der Zusammenschluß aller seiner Stämme zu einem einzigen, in sich geschlossenen Volk die Möglichkeit bot, sich erfolgreich der weißen Flut entgegenzustemmen und in letzter Minute die drohende Gefahr des Unterganges abwenden zu können.

Tecumseh war sich klar, daß diese Einigungsbestrebungen eine gewaltige Aufgabe, möglicherweise eine nicht zu verwirklichende Utopie darstellten. Aber es würde die einzige Überlebenschance der indianischen Völker sein. Tecumseh war entschlossen, sich dieser Aufgabe zu verschreiben, sich voll und ganz in ihren Dienst zu stellen.

Andere indianische Führer hatten ähnliche Ideen. Im Dezember 1786 kamen sie im sogenannten Sindathon's Village im einstigen Stammesgebiet der Huronen zusammen. Es war eine Versammlung eindrucksvoller, würdiger Persönlichkeiten. Die Seneca hatten ihren jungen Häuptling Sagoyewatha geschickt, die Mohawk den berühmten Thayendanegea oder Joseph Brant; von den Wyandot war Tarhe, der Kranich, gekommen. Little Turtle von den Miami war anwesend mit seinen sechs Unterhäuptlingen, ebenso die Potawatomie mit der größten Abordnung und gleich drei Häuptlingen. Die Ottawa hatten ihren Kriegshäuptling Oulamy entsandt. Anwesend waren auch die Anführer der Ojibwa, der Delaware und natürlich die Shawnee mit dem Häuptling Catahecassa, den Kriegshäuptlingen Shemento und Blue Jacket sowie einer Reihe einflußreicher Krieger, zu denen inzwischen auch Tecumseh gehörte.

Es wurden Wampuns ausgetauscht, es wurden lange und eindrucksvolle Reden gehalten. Es wurde mit Genugtuung vermerkt, daß die alten Alliierten, die Briten, sich nicht, wie im Vertrag von Paris vorgesehen, aus ihren inzwischen auf amerikanischem Boden liegenden Forts Niagara und Detroit zurückgezogen hatten. Im Gegenteil, sie hatten diese Garnisonen sogar weiter verstärkt.

Übereinstimmend kam man zur Ansicht, daß die Amerikaner der Bildung einer geschlossenen indianischen Konföderation mit großem Mißtrauen gegenüberstehen würden, daß sie an einem dauerhaften Frieden nicht interessiert waren, daß sie ihren Expansionsdrang zu Lasten der eingeborenen Völker keineswegs beenden, sondern im Gegenteil ihren Druck noch verstärken würden. Doch zu Tecumsehs großer Enttäuschung beschloß man außer dem Austausch von Gefangenen keine gemeinsame Aktion; es blieb bei einem langen, eindrucksvollen, aber letztlich ergebnislosen Palaver. Leider hatte ein junger Mann wie Tecumseh weder Stimme noch Einfluß im Zirkel der roten Zelebritäten.

Der Austausch der Gefangenen war von Erleichterung, aber auch von Bitterkeit begleitet: Einige Indianer hatten sich an die Welt der Weißen gewöhnt. Nur unter Zwang waren sie bereit, nochmals die Fronten zu wechseln. Einer von ihnen kam aus Tecumsehs eigener Familie. Es war Spemica Lawba, der Sohn seiner Schwester Tecumpase, der bei General Logan ein komfortables und angenehmes Zuhause gefunden hatte.

Umgekehrt reagierte Sinnanatha, einst Stephen Ruddell, der von Tecumseh gefangengenommen worden war. Der Junge versteckte sich, wollte keinesfalls zurück in die Welt der Weißen. Aber er wurde gesucht und gefunden und mußte sich der Gewalt beugen. Wie diesen beiden erging es vielen Männern und Frauen. Keine Frage war dagegen, daß Männer wie Blue Jacket oder Simon Girty nicht noch einmal die Fronten wechselten. Sie fühlten sich als Indianer, und sie blieben Indianer.

*

Der Druck auf die Shawnee schien etwas nachzulassen, nachdem im Jahr 1787 der Congress mit wohltönenden Worten den Ohio als Grenze zum indianischen Territorium oder Commonwealth deklariert und ein Verbot für Weiße erlassen hatte, den Fluß in nördlicher Richtung zu überqueren: »Die Eingeborenen sollen mit dem größten Wohlwollen behandelt werden. Weder Land noch sonstiges Eigentum soll ihnen ohne ihre Zustimmung genommen werden. Ihr Besitz, Recht und Freiheit soll niemals in irgendeiner Form angetastet oder gestört werden – soweit es nicht zu einem gerechtfertigten und vom Congress sanktionierten Krieg kommt. Künftige Gesetze und künftiges Recht sollen sich dergestalt entwickeln, daß jegliches Unrecht ihnen gegenüber vermieden und Friede und Freundschaft erhalten bleiben.«

Wie so viele Verträge zuvor wurde auch dieser gebrochen. Sowohl Weiße als auch Indianer setzten sich über ihn hinweg. Es kam zu wechselseitigen Übergriffen. Es schien, als handelte es sich wieder einmal um ein Stück Papier, das kaum die Tinte wert war, mit der der Text geschrieben worden war. Aber es kam zu keinem größeren Blutvergießen. Das blieb die Ausnahme. Es gab eine Atempause.

*

Die Shawnee konnten ungestört und in aller Ruhe ein neues Dorf bauen, diesmal am Nordufer des Maumee River – ein paar hundert Meilen vom Ohio entfernt, im heutigen östlichen Indiana. Nach dem Vorbild der Weißen bestand dieses Dorf erstmals im wesentlichen nicht aus leichten Birkenrinden-Wigwams, sondern aus soliden Blockhütten.

Nachdem sie sich am Maumee River etabliert hatten, sattelten Chiksika und Tecumseh im Herbst 1787 mit einem Dutzend Begleitern die Pferde und brachen zu einer neuerlichen großen Reise auf. Sie besuchten die Miami, die Potawatomi, die Sac, wo sie fast ein Jahr blieben. Dann querten sie den Mississippi und ritten im weiten Bogen durch die scheinbar endlosen grasigen Ebenen des Westens, wo sich die Jagdgründe der Yankton- oder Lakota-Sioux befanden. Es gelang ihnen, Zusammenstöße mit diesen wilden und gefürchteten Präriereitern zu vermeiden. Den folgenden Winter verbrachten sie im Schutz der Wälder Minnesotas, kehrten zu den Sac zurück, besuchten deren Verwandte und Freunde, die Fox.

Dann wandten sie sich wieder nach Norden, statteten den in den Wäldern Minnesotas lebenden Santé-Sioux, auch Dakota genannt, einen Besuch ab; sie wurden herzlich empfangen.

Tecumseh lauschte aufmerksam den Berichten seiner jeweiligen Gastgeber, vor allem den Erzählungen der Alten. Er stellte viele Fragen und versuchte jedes Detail der ihm fremden Sitten, Gebräuche, die im Alltag und bei den Festen sichtbar werdenden Verschiedenheiten der einzelnen Stämme und ihre jeweilige überlieferte Geschichte in seinem Kopf zu einem Gesamtbild zu formen. Er verglich die Stämme, ganz gleich ob algonquinischer, irokesischer oder siouianischer Zunge, mit Bauelementen, aus denen sich ein einziger, riesiger Wigwam errichten ließe, in dem alle Platz fänden - und der unangreifbar wäre. Er wurde bestärkt in seiner Annahme, daß es viel mehr Verbindendes als Trennendes unter den verschiedenen Nationen gab. Aber er sah auch eine unheimliche Bedrohung, die wie eine schwere, schwarze Gewitterwolke auf ihnen lastete: Daß die Weißen auch die letzten den Indianern verbliebenen Territorien überrennen und sie, die einstigen Herren dieses Landes, auf den Weg ohne Wiederkehr, in den grundlosen Abgrund stoßen würden. Dieser existenziellen Gefahr konnten sie nur begegnen, da gab es für Tecumseh keinen Zweifel, wenn alle indianischen Völker sich zu einer einzigen Schicksalsgemeinschaft vereinigten und die Weißen gemeinsam und mit aller Entschlossenheit bekämpften.

Die Reise der jungen Indianer war noch nicht zu Ende, noch lange nicht: Von den Wäldern Minnesotas ritten Tecumseh und seine Begleiter in südlicher Richtung am Ostufer des Mississippi entlang, hielten sich eine Weile in den Dörfern der Menominee und Winnebago auf, folgten dem Südwestufer des Michigan Lake, tauschten in dem Checagou genannten Handelsposten, »dem Ort mit dem Geruch des wilden Knoblauchs« – wo sich heute die Millionenstadt Chicago befindet –, die im Winter erbeuteten Felle gegen Pulver und Blei und ergänzten ihre Ausrüstung.

Von hier aus folgten sie dem Illinois River nach Missouri, wo Chiksikas und Tecumsehs Mutter lebte. Zu ihrer Überraschung hatte Methotasa den Wunsch geäußert, zu ihren Cherokee-Wurzeln zurückzukehren – an den Ort, wo sie einst von den Shawnee geraubt worden war, wo ihre Verwandten lebten. Sie war vor etlichen Wochen dorthin aufgebrochen.

Ihre Söhne folgten dem Trail, den sie Jahre zuvor geritten waren, auf dem Tecumseh in seinem trunkenen Übermut seine Hüfte gebrochen hatte. Sie erreichten Tennessee. Hier trafen sie auf einen Trupp Cherokee-Krieger und schlossen sich ihnen an. Sie schlugen sich erfolgreich mit einer starken und gutbewaffneten Grenzertruppe herum. Als sie mit frischen Skalps am Gürtel in das nächste Dorf ritten, erfuhren Chiksika und Tecumseh, daß ihre Mutter Methotasa vor ein paar Tagen gestorben war.

Chiksika suchte und fand Trost bei seiner Frau und seiner inzwischen fünfjährigen Tochter, die bei ihren Leuten zurückgeblieben waren. Tecumseh dagegen beteiligte sich an den Raids der Cherokee gegen die Weißen. Die ihm vorauseilende Reputation als umsichtiger und kaltblütiger Krieger bestätigte sich.

Auch Chiksika hielt es nicht lange bei Weib und Kind, er brauchte den Kampf wie der Fisch das Wasser. Doch des Kriegers unablässiger Begleiter ist der Tod. Beim Angriff auf eine kleine Siedlung der Weißen wurde Chiksika tödlich getroffen.

Es war ganz natürlich, daß Tecumseh nach dem zutiefst betrauerten Tod seines älteren Bruders die Führung der fern ihrer Heimat operierenden Shawnee-Truppe übernahm. Seine sicherlich durch Trauer- und Rachegefühle motivierten Taten wurden unter den Cherokee-Kriegern, die sich selbst für die besten Kämpfer der Welt hielten, mit Respekt und Anerkennung von Wigwam zu Wigwam weitererzählt. Zur Legende wurde Tecumseh jedoch mit einem ganz besonderen Bravourstück.

In der Nacht war ein Dutzend Krieger – sowohl Cherokee wie auch Shawnee – während des Schlafes von einer starken Truppe Weißer eingekreist worden. Niemand vernahm ein Geräusch, doch Tecumseh spürte instinktiv die tödliche Gefahr. Er erhob sich, spähte vorsichtig umher und erkannte einen schwach im Mondlicht schimmernden Gewehrlauf. Der Shawnee tat, als recke er sich schlaftrunken, murmelte ein paar Worte vor sich hin – eine Warnung an die übrigen Krieger – und legte sich wieder langsam und umständlich hin. Die Gegner sollten nicht den Eindruck gewinnen, die Indianer hätten Verdacht geschöpft.

Im selben Augenblick ergriff Tecumseh eine Decke, warf sie über das Feuer. In der überraschend hereingebrochenen Dunkelheit sprangen die Rothäute auf. Sie rannten unter schrillem Geschrei ihre Vorderlader abfeuernd auf den Ring der vollkommen überraschten Belagerer zu und durchbrachen ihn im Handumdrehen.

Jeder andere hätte sich angesichts der Übermacht in Sicherheit gebracht. Doch nicht Tecumseh. Er führte seine Kameraden in einem Bogen um den Ring der Weißen herum. Vollkommen überraschend griffen sie von der gegenüberliegenden Seite her an.

Diese Aktion konsternierte und verwirrte die Angreifer komplett. Jetzt glaubten sie, in eine besonders heimtückische Falle gelaufen und ihrerseits unbemerkt von einer starken indianischen Streitmacht umzingelt worden zu sein. Sieben Tote auf der Walstatt zurücklassend, flohen die Überlebenden Hals über Kopf.

Tecumsehs Ruhm hatte sich weiter gemehrt. Man wurde nicht müde, an den Feuern der Hütten und Zelte über das einzigartige Bravourstück zu berichten.

Nach dreijähriger Abwesenheit kehrte Tecumseh im November 1790 zu seinen Brüdern und Schwestern im heutigen Ohio zurück. Als erstes erfuhr er, daß nur ein paar Monate zuvor Little Turtles Miami- und Blue Jackets Shawnee-Krieger einen ebenso überraschenden wie bedeutsamen Sieg über die Langmesser errungen hatten.

Nach den wieder einsetzenden Übergriffen der Weißen und den Raubzügen der Indianer auf die Siedlungen in Kentucky hatten die USA eine beeindruckende Streitmacht zusammengestellt. Sie bestand aus Milizionären, einer kleinen Artillerie-Abteilung sowie 600 regulären Soldaten. Insgesamt 1400 Mann marschierten unter dem Kommando des Generals Josiah Harmar auf, um »die wilden Stämme in ihre Schranken zu weisen und für ihre Untaten zu bestrafen«. Ziel der Militärexpedition waren in erster Linie die Shawnee-Dörfer. Der Kriegshäuptling Blue Jacket hatte rechtzeitig Wind von der Aktion bekommen, aber er hatte im Augenblick nur 150 Krieger zur Verfügung. Die Miami, Potawatomi und Ojibwa hatten zwar ihre Unterstützung zugesagt, doch ihre Leute waren noch nicht eingetroffen. Lediglich der mit allen Wassern gewaschene und mit jedem Trick vertraute Simon Girty war rechtzeitig zur Stelle.

Little Turtle - ebenfalls ein gewiefter Taktiker - hatte zusammen mit Blue Jacket eine breite Rückzugsspur gelegt. Dabei hatten sie sich nicht gescheut, das eine oder andere ihrer Dörfer in Flammen aufgehen zu lassen. Simon Girty, Blue Jacket und eine Reihe weiterer Späher hielten unbemerkt und ständig Kontakt mit den Amerikanern und registrierten jede ihrer Bewegungen.

Die Rothäute füllten nach und nach ihre Reihen auf. Sie warteten geduldig auf eine Schwäche ihrer Gegner, einen günstigen Umstand, der ihrer hoffnungslos unterlegenen Truppe eine erfolgversprechende Chance bieten würde.

Für Harmar deutete alles auf eine totale Aufgabe, wenn nicht gar eine panische Flucht seiner Widersacher hin. Er folgte mit seinen Truppen den Kriegern Little Turtles und Blue Jackets in das Tal des Maumee River. Ohne Not teilte der General seine zuvor kompakte Truppe auf und befahl einer schnell beweglichen Vorhut von 200 Mann, die Verfolgung zu intensivieren und endlich den Feind zu stellen. Blue Jacket nutzte die Gelegenheit, zuzuschlagen. In dem unübersichtlichen Gelände am Eel River postierte er seine Krieger zu beiden Seiten des Trails und wartete ab. Ohne Vorausabteilung, ohne Flankenschutz marschierten die Amerikaner direkt in den von den Indianern weit geöffneten Sack. Sie hätten ihn nur noch zuzubinden brauchen, aber sie waren zahlenmäßig immer noch weit unterlegen. Trotzdem blieben 70 Langmesser auf dem Schlachtfeld; der Rest ergriff panikartig die Flucht. Die Indianer verfolgten die Solda-

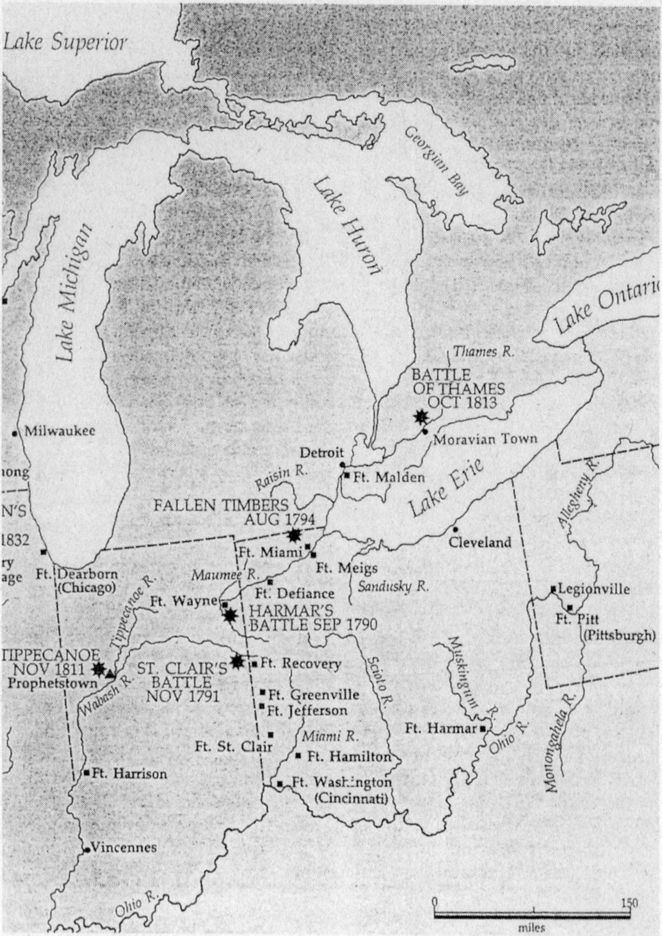
Lake Superior
Georgian Bay
Lake Huron
Lake Michigan
Lake Ontario
Thames R.
BATTLE
OF THAMES
OCT 1813
Moravian Town
Milwaukee
Detroit
Raisin R.
Ft. Malden
Lake Erie
FALLEN TIMBERS
AUG 1794
Cleveland
Ft. Miami
Ft. Meigs
Ft. Dearborn
(Chicago)
Maumee R.
Ft. Defiance
Sandusky R.
Allegheny R.
Legionville
Ft. Wayne
HARMAR'S
BATTLE SEP 1790
Ft. Pitt
(Pittsburgh)
Tippecanoe R.
TIPPECANOE
NOV 1811
Prophetstown
ST. CLAIR'S
BATTLE
NOV 1791
Ft. Recovery
Scioto R.
Muskingum R.
Wabash R.
Ft. Greenville
Ft. Jefferson
Miami R.
Ft. Harmar
Ohio R.
Monongahela R.
Ft. St. Clair
Ft. Hamilton
Ft. Harrison
Ft. Washington
(Cincinnati)
Vincennes
Ohio R.
0
150
miles

ten, die alles wegwarfen, was ihnen hinderlich erschien: Gewehre, Munition, Ausrüstungsgegenstände.

Statt sich mit seiner immer noch hochüberlegenen Streitmacht dem Kampf zu stellen, ließ General Harmar zum Rückzug blasen. Er glaubte, ihm stünden Tausende von roten Kriegern gegenüber. Nach ungefähr zehn Meilen ordnete der General an: »Truppe Halt«. Er befahl seinen Leuten, eine Verteidigungsposition einzunehmen. Aber es kam kein neuerlicher Angriff.

Irgendwann ging Harmar auf, daß er vor einer Handvoll Rothäute das Hasenpanier ergriffen hatte. Um die Scharte auszuwetzen, befahl er einer Truppe von 360 Mann, das Indianerdorf Kenogia von vier verschiedenen Seiten her anzugreifen. Das Resultat war ein erneutes Aufsplittern seiner Streitkräfte.

Wiederum nutzten die Shawnee und Miami, endlich verstärkt durch kleinere Abteilungen der Potawatomie und Ojibwa, die günstige Situation. Separat griffen sie alle vier vorrückenden Abteilungen der Amerikaner an und töteten noch einmal 130 ihrer Gegner. Sie selbst hatten bei den Kämpfen nicht einmal 30 ihrer Krieger verloren. Doch für die Indianer wog jeder einzelne Verlust schwer.

Blue Jacket verfolgte den fliehenden Feind und besaß darüber hinaus auch noch die Chuzpe, mit einer Handvoll Leuten die Hauptmacht Harmars anzugreifen. Diesmal blies der General zum endgültigen Rückzug.

Little Turtle hatte kein Interesse an weiterem Blutvergießen. Er ließ die Verfolgung einstellen und das Gros der demoralisierten Langmesser entkommen. Den Siegern fiel eine riesige Beute an weggeworfenen Waffen und Munition, an Verpflegung und weiterer Ausrüstung, darunter ein kompletter Zug von Packpferden mit ihrer gesamten Traglast, in die Hände.

Das Desaster hinderte Harmar nicht daran, sich später als Sieger zu präsentieren. Doch in Washington wußte man die Situation richtig einzuschätzen. Die oberste Heeresführung entzog dem General das Kommando und erteilte es Arthur St. Clair.

*

Tecumseh bedauerte zutiefst, an diesem großen und für die Indianer triumphalen Ereignis nicht teilgenommen zu haben. Er hegte aber die berechtigte Hoffnung, daß dieser Erfolg den Widerstandswillen der übrigen Stämme stärken und sich seine Brüder in größerer Zahl als je zuvor zu einer gemeinsamen Front gegen die Weißen zusammenschließen würden.

Die Erfahrung hatte die Rothäute gelehrt, daß jede Niederlage vermehrte Anstrengungen der Blauröcke zur Folge haben würde, daß diese eine noch zahlreichere Armee aufstellen, daß sie erneut in das Indianerland einfallen würden.

Genauso sollte es geschehen. Der Kriegsminister Henry Knox erließ an den verdienten Revolutionsgeneral St. Clair die Order, »tief in das Indianer-Territorium einzudringen, ihre Krieger zum Kampf zu stellen, zu vernichten und den Rest vollständig zu unterwerfen«. Der Auftrag lautete weiter, am Schauplatz der Niederlage Harmars ein starkes Fort zu bauen, das jedem künftigen Angriff der Indianer standhalten würde.

Wie schon sein Vorgänger ließ auch St. Clair eine Miliztruppe zusammenstellen. »Sie kamen aus den Gefängnissen, aus Lagerschuppen, aus Bordellen, um für zwei Dollar im Monat zu kämpfen«, heißt es in einem zeitgenössischen Bericht. Aber St. Clair verfügte zusätzlich über zwei Regimenter Reguläre mit je 300 Mann. Er raffte eine zumindest nominell imposante und starke Truppe von insgesamt 2600 Soldaten zusammen.

Den Indianern waren die Kriegsvorbereitungen nicht verborgen geblieben. Sie führten auf ihrer Seite dazu, daß die Häuptlinge ihre Animositäten und Eifersüchteleien vergaßen, daß die Miami, die Kickapoo, die Potawatomie, die Ojibwa, die Wyandot, die Ottawa, die Delaware und natürlich auch die Shawnee ihre Krieger zusammenzogen. Sogar von den irokesischen Seneca und Mohawk waren kleinere Abteilungen eingetroffen.

Tecumseh wie auch wieder einmal Simon Girty gehörten zu den Spähern, die im März 1791 den Abmarsch der feindlichen Truppe aus Fort Pitt beobachteten und den Häuptlingen Bericht erstatteten.

Auch die indianische Streitmacht konnte sich sehen lassen: Mit ungefähr 2500 Kriegern war sie zahlenmäßig fast ebenso stark wie St. Clairs Truppenabteilung.

In dem wilden, unzivilisierten Land mußte sich St. Clairs Armee mit großen Nachschubproblemen herumschlagen. Zu ihr gehörte ein schwerfälliger Troß, in dem sich nicht nur Frauen und Kinder der Soldaten und Offiziere befanden, sondern auch eine Anzahl mitreisender Huren. Zudem war die Truppe mit einer nur mühsam vorankommenden Artillerie-Abteilung belastet. Die Soldaten mußten immer wieder befestigte Depots anlegen, um ihre rückwärtigen Versorgungslinien zu sichern.

Im Gegensatz zu ihnen bewegten sich die Indianer alert, leichtfüßig, mit wenig Gepäck belastet. Sie waren es gewohnt, auf dem Kriegspfad mit ein paar Händen voll Jerky auszukommen, einer konzentrierten Kraftnahrung aus getrocknetem Fleisch und Fett, die sie mit Beeren und gedörrtem Mais anreicherten. Sie waren imstande, sich im Handumdrehen auf jede nur denkbare Situation einzustellen.

Einmal mehr einigten sich die Stammesführer darauf, dem in hundert Schlachten erprobten Little Turtle von den Miami den Oberbefehl zu übertragen. Blue Jacket von den Shawnee sollte als Rangnächster des Häuptlings Anweisungen im Kampf umsetzen.

Obwohl offiziell mit den Amerikanern im Frieden lebend, hatten sich die Briten nach zähen Verhandlungen bereit erklärt, weiter ihren einstigen roten Verbündeten Waffen und Munition zu liefern. Sie steckten drei ihrer Offiziere in indianische Kleidung. Nach unseren heutigen Begriffen fungierten diese Gentlemen als »Militärberater«.

Je tiefer sich St. Clairs Truppe auf ihrem langsamen Vormarsch in das Indianerland hineinwagte, um so schwächer wurde sie. »Es scheint, als ob man mit einer hungrigen Kuh auf Karnickeljagd geht«, beschrieb ein Offizier den sich mühselig über lange Monate hinschleppenden Feldzug.

Hunderte desertierten, Hunderte weiterer Armeeangehöriger konnten allenfalls als Versorgungshilfskräfte bezeichnet werden; weitere Kontingente mußten zur Bewachung und Verteidigung der unterwegs angelegten Depots zurückgelassen werden.

Ende Oktober 1791 hatte St. Clair kaum mehr als tausend einsatzfähige Soldaten zur Verfügung. Aufgrund ihrer überlegenen Bewaffnung, vor allem aber durch die Feuerkraft der Artillerie, der die Indianer nichts Gleichwertiges entgegenzusetzen hatten, besaß St. Clair immer noch eine ernstzunehmende, zumindest gleichwertige Streitmacht.

Selbstverständlich agierte und operierte auch St. Clair nicht blind. Auch er hatte seine Späher, denen die sich immer häufiger manifestierenden Anzeichen einer bedeutenden Konzentration von gegnerischen Kriegern nicht verborgen blieb. Doch St. Clair war keinesfalls beunruhigt. Er erklärte: »Wenn die Wilden entschlossen angegriffen werden, so hat sich immer wieder erwiesen, dann halten sie nicht stand. Sie fliehen, und wenn sie einmal auf der Flucht sind, vermögen sie sich wegen ihres Mangels an Disziplin nicht mehr zu gruppieren und Widerstand zu leisten.«

Eine natürlich begünstigte Position auf einem Plateau über dem Wabash River schien St. Clair ausreichend sicher für das Camp, in dem er sich für die Nacht vom 3. auf den 4. November 1791 einrichtete. Er unterließ es – wie sonst üblich – Brustwehren oder ähnliche Verteidigungseinrichtungen hochziehen zu lassen. Nicht einmal die Pferdefuhrwerke wurden zu einer Wagenburg zusammengeschoben. Sie blieben stehen, wo sie zum Halt gekommen waren.

St. Clair schickte einen Spähtrupp zur Erkundung voraus. Die Soldaten fanden Spuren im frisch gefallenen Schnee. Sie entdeckten ein kleines Lager, wo eine Handvoll Krieger übernachtet hatte. Alledem wurde keine Bedeutung beigemessen. Man fühlte sich vollkommen sicher.

Tecumseh und die übrigen indianischen Späher hatten jede Bewegung des Gegners überwacht, sie an Little Turtle und Blue Jacket gemeldet. Die Situation schien unverhofft günstig. Die Indianer nutzten sie. Im Dunkel der Nacht zogen sie unbemerkt einen Ring von Kriegern um das Camp. Lediglich den Anmarschweg ließen sie offen, um der Entdeckung durch mögliche Nachzügler der Weißen zu entgehen.

Im ersten Morgengrauen griffen sie an. Der Coup gelang. Als erstes nahmen sie die vorwiegend aus Kentucky-Milizen bestehende Vorausabteilung aus dem Dickicht heraus unter Feuer. Die Langmesser gerieten in Panik. Sie warfen ihre Waffen weg und flohen vor dem unsichtbaren Feind Hals über Kopf in das Hauptcamp. Dort vergrößerten sie noch das Chaos, das durch den inzwischen auch hier vorgetragenen überraschenden Angriff der Indianer entstanden war. Die Offiziere versuchten, mit ihren Leuten eine Verteidigungslinie aufzubauen. Das gelang nur teilweise. An mehreren Punkten war ein Kampf Mann gegen Mann entbrannt. Ordnung und Übersicht gingen verloren.

Die Artilleristen richteten ihre Kanonen auf den Gegner. Aber das Pulver war von schlechter Qualität und zündete nur sporadisch. Die Indianer griffen jetzt vor allem die Flanken an. Die Weißen wehrten sich verzweifelt. Es gelang den Offizieren, wenigstens Teile ihrer Truppen zu einem Gegenangriff zu mobilisieren, der über beide Flügel vorgetragen wurde. Doch als die Kommandeure Major Clark und Generalmajor Butler fielen, brach der Angriff zusammen.

Unter seiner persönlichen Führung unternahm St. Clair mit den noch intakten Truppenteilen einen entlastenden Bajonettangriff. Doch Little Turtles und Blue Jackets Krieger dachten nicht daran, sich von den vorrükkenden Regulären abstechen zu lassen. Sie zogen sich ein Stück zurück und feuerten aus der Deckung des Waldes heraus. Der Angriff lief ins Leere. Die Indianer waren überall und nirgends. Auch diese Aktion brach unter großen Verlusten zusammen.

Den roten Kriegern gelang es, die meisten von St. Clairs Offizieren zu töten. Das Resultat war, daß die Befehlsstruktur in Trümmer fiel. Die zusammengewürfelten und -gerafften undisziplinierten Milizen gerieten in eine kopflose Panik, die auch die Regulären ansteckte. Die Truppe löste sich auf; sie gehorchte nicht mehr den Befehlen der überlebenden Offiziere. Lediglich die Artilleristen setzten den Angreifern einen hinhaltenden Widerstand entgegen und hielten die Stellung. Aber auch sie sahen kaum einen ihrer Gegner, und wenn es wirklich einmal gelang, eine Kanone abzufeuern, krachte die Kugel wirkungslos in den Wald.

Mit dem Mut der Verzweiflung setzte St. Clair alles daran, die ihm noch verbliebenen Truppen zu reorganisieren, zum Widerstand anzuhalten. Doch nicht nur der Schlachtenlärm, vor allem das durchdringende, inzwischen von überall her ertönende Kriegsgeschrei der Indianer, die halbnackten, wild bemalten, schießenden, stechenden, Tomahawks und Keulen schwingenden, scheinbar aus dem Nichts auftauchenden und wieder verschwindenden roten Kämpfer schienen die Soldaten zu demoralisieren.

Tecumseh kämpfte an vorderster Front. Seine Reputation als umsichtiger und furchtloser Krieger bestätigte sich. Im Gegensatz zu den meisten seiner Mitstreiter schonte er die Frauen und Kinder des Trosses. Er suchte und fand seine Opfer unter den uniformierten Langmessern.

Eine Abteilung der Miami eroberte die acht Kanonen. Damit war die endgültige Entscheidung gefallen. Über die Hälfte der Amerikaner lag tot, sterbend oder schwer verwundet auf dem Schlachtfeld.

St. Clair hatte nur ein einziges Eisen im Feuer, der vollständigen Vernichtung zu entgehen: Das war der Durchbruch seiner ihm verbliebenen Regulären durch die Schützenlinie der Indianer. Die verzweifelte, rücksichtslose und verlustreiche Aktion hatte Erfolg. Danach galt nur noch das Motto »Rette sich, wer sich retten kann«. Nicht nur die Kanonen der Artillerie gingen verloren, die Soldaten warfen ihre Musketen und sonstige Ausrüstung einfach weg, um – koste es, was es wolle – der Gefahr zu entkommen. Die Verwundeten, die zum Troß gehörigen Frauen und Kinder wurden zurückgelassen. Sie fielen den siegestrunkenen roten Kriegern in die Hände und wurden von diesen rücksichtslos niedergemacht.

Ein Teil der Indianer verfolgte die ungeordnet fliehende Masse der Gegner. Sie schossen, was ihre Waffen hergaben. Sie stürmten noch etwa vier Meilen weit hinter den Flüchtenden her, fügten ihnen weitere Verluste zu. Dann gaben sie sich zufrieden. Die Reste von St. Clairs Streitmacht stolperten weiter und weiter, bis sie sich endlich hinter den Palisaden des 30 Meilen entfernten Fort Jefferson in Sicherheit bringen konnten.

Nach der Schlacht überließen die indianischen Sieger das Feld ihren in der Nähe campierenden Frauen und Kindern. Die Squaws und ihr Anhang nahmen den Toten die Skalps. Sie töteten die in den letzten Zügen liegenden Verwundeten, die sich in Gebüsche geschleppt hatten und dort dem Zugriff der Krieger entgangen waren. Sie zogen den Leichen die Uniformen und Kleider aus und sammelten die weggeworfenen Waffen und Ausrüstungsgegenstände ein. Sie plünderten die Zelte und die Versorgungswagen.

Wie die Zählungen ergaben, waren von St. Clairs 52 Offizieren 39 gefallen und 13 verwundet. Insgesamt registrierte man 632 Gefallene und 264 Verwundete. Hinzu kamen rund 200 Frauen und Kinder des Trosses, die von den Rothäuten massakriert worden waren. Lediglich drei der Soldatenfrauen waren entkommen. Nur 24 Mann der kämpfenden Truppe hatten die Schlacht unverletzt überstanden.

Die Indianer hatten bei alledem nur 66 Tote und neun Verwundete zu beklagen. In der langen, blutigen Geschichte der Indianerkriege hatten Little Turtles und Blue Jackets Krieger den Weißen die schlimmste aller Niederlagen zugefügt.

Der Sieg bedeutete für die Shawnee nicht nur Ruhm und Ehre. Mit Hilfe der erbeuteten Lebensmittel, der Waffen und der Ausrüstungen, die sie eintauschten, konnten sie den mit aller Härte einsetzenden Winter sorglos überstehen. Der Erfolg führte aber auch dazu, daß sich der mächtige Strom der ihr Land überflutenden Siedler zu einem unscheinbar dahintröpfelnden Rinnsal reduzierte.

*

Tecumseh war inzwischen 24 Jahre alt. Während der folgenden Jahre endeten seine Vorstöße tief nach Kentucky hinein fast immer damit, daß er und seine Leute schwer mit Beute beladen und mit einer Reihe an ihren Gürteln baumelnder Skalps, aber selbst unbeschadet zurückkehrten. Seine Erfolge resultierten meist aus der kaltblütigen Berechnung möglicher Aktionen des Gegners. Er schien sie vorauszuahnen und tat dann exakt das, was seine Kontrahenten am wenigsten erwarteten.

Tecumsehs Ruf als entschlossener, vor allem aber umsichtiger Kämpfer und erfolgreicher Anführer wurde Legende. Sein Charisma, seine natürliche Autorität, seine Eloquenz bewogen auch ältere, erfahrene und bewährte Krieger, sich ihm anzuschließen. Dabei verlangte der junge Shawnee absoluten Gehorsam, Disziplin und den Verzicht auf unnötige Grausamkeiten; vor allem anderen duldete er keine Greueltaten an seinen Gefangenen.

*

Little Turtle, Blue Jacket, Tecumseh und die übrigen indianischen Führer konnten sich leicht ausrechnen, daß die Amerikaner die am Wabash River erlittene schmerzliche Niederlage nicht einfach hinnehmen und dann zur Tagesordnung übergehen würden. So sicher, wie auf den Schnee des Winters das Grün des Frühjahrs folgt, würden die Langmesser einen neuen Feldzug organisieren und sich diesmal wesentlich besser vorbereiten. Das bedeutete, daß die Allianz, die zu dem großen Sieg am Wabash geführt hatte, erweitert werden mußte.

Auch Tecumseh war wahrscheinlich nicht – besser: noch nicht – in der Lage, das praktisch unerschöpfliche Potential an menschlichen und materiellen Reserven der USA einzuschätzen. Er hätte eingesehen: Selbst wenn sich sämtliche Waldindianer zu einer gemeinsamen Aktion zusammenfänden, stünden sie immer noch auf verlorenem Posten angesichts des Millionenheeres der Weißen mit ihren unerschöpflichen Ressourcen. Die einzige Chance hätte darin bestanden, die in Nordamerika nach wie vor präsenten Briten in das Geschehen mit einzubeziehen. Zwischen den beiden Nationen oder mit Hilfe einer der beiden Militärmächte hätten sie eine Nische suchen und finden müssen, um in Freiheit und Würde überleben zu können.

Die Briten hielten im Gegensatz zu den getroffenen Abkommen immer noch zwei ihrer Forts – Niagara und Detroit – auf US-amerikanischem Boden. Sie beherrschten nach wie vor den einträglichen Pelzhandel südlich der

Großen Seen; sie bauten ihre militärische Position in Kanada weiter aus. Mit großem Mißtrauen und scheelen Augen betrachteten sie die amerikanische Expansion nach Westen. Sie unterstützten insgeheim den Widerstand der Indianer mit Waffen und Munition. Aber sie scheuten den erneuten, kostspieligen, offenen Konflikt. Britannien war inzwischen Weltmacht und verfolgte dementsprechend eine Vielzahl militärischer, politischer und ökonomischer Interessen. Das Geschehen in Nordamerika war nur einer von vielen möglichen Konfliktherden.

Auf der anderen Seite ließen sich die Amerikaner viel Zeit mit einer Vergeltungsaktion. Sie machten schließlich General Anthony Wayne, genannt »Mad Anthony«, einen unerbittlichen, konsequenten und erfahrenen Troupier, zum Oberkommandierenden.

Das Zögern der Amerikaner verschaffte den Indianern eine wichtige Atempause. Doch dann zog in der Person des neuen Oberbefehlshabers erneut eine drohende, dunkle Gewitterwolke am Horizont auf. Es braute sich eine tödliche Gefahr zusammen.

Simon Girty und auch Tecumseh wagten sich in die Forts, um die Kriegsvorbereitungen der Amerikaner direkt und vor Ort zu inspizieren. Simon Girty hing in den Kneipen und Bordellen herum und trug soviel Informationen wie nur möglich zusammen. Tecumseh hielt ebenfalls Augen und Ohren offen. Die gemeinsamen Erkenntnisse waren beeindruckend und furchterregend.

»Mad Anthony« überließ offenbar nichts dem Zufall. Er setzte alles daran, seinem Namen alle Ehre zu machen. Er ließ seine Truppen mit gnadenloser Härte exerzieren und bis aufs Blut drillen. Obwohl selbst im Zivilleben ein Bankrotteur, ein Trinker, Weiberheld und Egozentriker, setzte er mit eiserner Faust seine Vorstellungen von Disziplin durch: Für kleinere Verstöße wie schlechtes Benehmen, Trunkenheit oder unordentlichen Uniformsitz setzte es für die Betroffenen 20 Stockhiebe. Schwerere Vergehen wie Insubordination, Aufbegehren gegen einen Offizier, Nachlässigkeiten auf der Wache wurden mit 100 Schlägen bestraft. Wieder eingefangene Deserteure wurden exekutiert.

Waynes eigener Adjutant, Captain Ballard, wurde das Opfer dieser rigorosen Maßnahmen. Er wurde vom Dienst entbunden und durch einen ehrgeizigen jungen Offizier, William Henry Harrison, ersetzt, der Tecumsehs gefährlichster Antagonist werden sollte.

Wayne erkannte rasch die Bedeutung von Spähern, Spionen und Scouts in der bevorstehenden Auseinandersetzung: Er ernannte den Grenzer Simon Kenton oder Butler, wie ihn die Indianer nannten und den die Shawnee seinerzeit an die Engländer verkauft und den diese dann hatten laufen lassen, zum Chef seiner Aufklärungstruppe.

Der Miami Little Turtle, der einflußreichste Häuptling der verbündeten Stämme, wog die einlaufenden Nachrichten sorgsam ab. Die langsame, offenbar unausweichliche Konsequenz, mit der »Mad Anthony«, der neue Kriegshäuptling der Langmesser, vorging, schien ihm bedrohlicher als eine rasche, isolierte militärische Aktion. Little Turtle kam zur Einsicht, daß es angesichts dieses Gegners besser sei, das Kriegsbeil zu begraben und die Friedenspfeife zu rauchen. »Wir haben den Feind zweimal unter zwei verschiedenen Kommandeuren geschlagen. Doch die Langmesser werden jetzt von einem Häuptling befehligt, von dem es heißt, daß er niemals schläft. Wir werden ihn nicht überraschen können. Es wäre klug, auf seine Friedensangebote zu hören«, erklärte der Häuptling im Council der Stämme.

Zu allem Übel hatte der Druck der einströmenden Siedler wieder zugenommen. Es gab immer wieder einzelne Indianerstämme, die sich riesige Landtrakte quasi für einen Apfel und ein Ei abschachern ließen.

Die Situation war verzweifelt, sie schien ausweglos. Die Indianer konnten aus ihr nur als Verlierer hervorgehen, soweit ihnen nicht starke Verbündete zur Hilfe kommen würden. Für einen Pakt aber kamen nur die Briten in Frage. Oder aber die Stämme mußten sich zu einer unverbrüchlichen, gemeinsamen Front zusammenfinden.

*

Im Winter 1793/94 hielt General Wayne die Zeit für gekommen, einen Erkundungsvorstoß von 300 Fußtruppen und Scouts unter Major McMahon in Richtung des Lake Erie durchzuführen. Er gab den Auftrag, die Indianer - sollten sie sich stellen - hinhaltend zu bekämpfen und sich dann zurückzuziehen. Nach bekanntem und bewährtem Muster versuchten die Shawnee und ihre Verbündeten, mit fast tausend Kriegern eine Falle aufzubauen. Doch diesmal stand der erfahrene und mit allen Wassern gewaschene Grenzer Simon Kenton auf der anderen Seite. Er witterte und erkannte rechtzeitig die Gefahr, informierte und überzeugte Major McMahon. Der Befehlshaber gab das Zeichen zum Rückzug.

Die Briten sahen den Vorstoß der Amerikaner bis in die Nähe ihrer Forts mit großem Mißbehagen. Sie verstärkten ihre Garnisonen, ließen sich aber zu keinem direkten Eingreifen verleiten. Ihre verdeckten Lieferungen von Waffen und Munition an die Rothäute flossen verstärkt weiter.

Die indianischen Krieger wollten nicht untätig bleiben und griffen Fort Recovery an, das nicht weit vom Schauplatz St. Clairs vernichtender Niederlage errichtet worden war. Es gelang ihnen nicht, das Fort selbst zu stürmen. Sie konnten aber 300 Packpferde erbeuten. Über der Verteilung der Beute kam es zum Streit. Die Folge war, daß die Ottawa und Ojibwa verärgert die Allianz verließen. Die verbündeten Indianer konnten der Armee General Waynes nur noch 600 Krieger entgegenstellen.

Little Turtle versuchte immer noch, zu einer friedlichen Vereinbarung mit den Amerikanern zu kommen. Aber er konnte sich nicht durchsetzen. Als Kriegshäuptling trat Turkey Foot an seine Stelle.

Die unabwendbare Folge war, daß General Wayne im August 1794 seine Armee von 4500 Mann in Marsch setzte. Tecumseh gehörte zu den Spähern, die die Bewegungen der Amerikaner beobachteten. Er schickte sofort Melder zu Blue Jacket und Turkey Foot. Diese wiederum alarmierten ihre Verbündeten und versuchten, so viele Krieger wie möglich zusammenzuziehen. Die Häuptlinge wandten sich an die Engländer mit der Bitte um Unterstützung und der Abstellung einer Artillerie-Abteilung. Die Briten schickten zwar keine eigenen Truppen oder Kanonen, doch Hunderte mit Verpflegung, Waffen und Munition schwerbeladene Packpferde. Angesichts dieser Lieferungen begaben sich auch die zuvor verärgerten Ottawa wieder auf den Kriegspfad. 200 ihrer Krieger stießen zu den verbündeten Shawnee und Miami.

Tecumseh, der die feindliche Armee weiter beobachtete, mußte hilflos zusehen, wie die Langmesser auf ihrer Marschroute die Dörfer der Shawnee zerstörten, die Felder verwüsteten, die Ernten verbrannten. Sie gaben sich nicht einmal mit diesen Vernichtungsaktionen zufrieden, sondern bauten auch noch am Zusammenfluß von Maumee und Auglaize River – mitten im Siedlungsgebiet der

Shawnee – eine neue starke Bastion, die sie Fort Defiance nannten.

General Wayne unterbreitete ein letztes Friedensangebot. Die Häuptlinge kamen sofort zu einem Council zusammen. Da ihre Streitmacht durch ein großes Kontingent Ojibwa-Krieger inzwischen auf 2 000 Mann angewachsen war, lehnten sie ab.

Blue Jacket und Turkey Foot wählten einen »Fallen Timbers« genannten Platz, um sich den Amerikanern entgegenzustellen. Ein Hurrikan hatte lange Jahre zuvor ein hochstämmiges Waldstück wie Streichhölzer zu einem unübersichtlichen und kaum zu durchdringenden Chaos von Stämmen, Ästen, Wurzellöchern und neu aufschießenden Jungpflanzen zusammengehauen. Der alte Portagetrail über die Wasserscheide zwischen den Großen Seen und dem Ohio führte durch dieses gigantische Mikado. General Waynes Armee mußte diese natürliche Verteidigungsanlage der Indianer passieren.

Ein weiterer strategisch wichtiger Grund sprach für diesen Platz: Nur drei Meilen weiter nördlich befand sich das britische Fort Miamis. Es könnte als rückwärtiger Stützpunkt dienen oder als Zuflucht für den Fall, daß der Große Geist seine schützende Hand von seinen Kindern abziehen und das Kriegsglück sich gegen die Indianer wenden würde. So sahen es die Häuptlinge.

Die böse Vorahnung schien sich zu bestätigen. Die Himmelsmächte, Manitou oder der Große Geist meinten es diesmal nicht gut mit den roten Kriegern. Während ihre Gegner einen fürchterlichen, langanhaltenden Wolkenbruch in dem Schutz ihrer Zelte abwarteten, wurden die Indianer vollkommen durchnäßt. Der Wettersturz hatte außerdem zur Folge, daß sich die Konfrontation um einen vollen Tag verschob. Die Indianer, die traditionell schon am Vortag der Schlacht fasteten, wurden hungrig. Als dann die Engländer neben einer 50köpfigen Abteilung als Indianer verkleideter Kanadier noch eine Fourage-Truppe schickten, die eine kräftige Suppe und eine gehörige Rumration verteilte, stahlen sich mehr und mehr der kampfbereiten, auf den Gegner wartenden Krieger aus ihren Positionen in den »Fallen Timbers« heraus. Sie strömten in das von den Briten aufgebaute, etwa eine Meile entfernte Camp, um sich zu stärken.

Als die amerikanische Streitmacht auftauchte, waren nicht einmal 1300 Krieger zur Stelle. Zudem war Wayne ein viel zu erfahrener Taktiker, um blind in die Falle zu laufen. Er beorderte lediglich eine 300 Mann starke berittene Vorhut über den Trail. Das Gros seiner Truppe postierte er in einer rückwärtigen Position in der Form eines nach vorne offenen Trichters. Nachdem die Indianer die Vorhut gestellt, zum Rückzug gezwungen und verfolgt hatten, sollten sie in die weitgeöffnete Falle hineinlaufen. »Mad Anthony« versuchte, seine Gegner mit den eigenen Waffen zu schlagen.

Der Plan schien aufzugehen: Blue Jackets Krieger attackierten Waynes Reiter wie geplant. Die Langmesser flüchteten, die Indianer preschten hinter ihnen her. Doch im Kampflärm der Schüsse und des Gebrülls ging das Signal zum Angriff für das Gros der Amerikaner unter. Eine der beiden weit geöffneten Zangen schnappte nicht zu. Es war der in vorderster Front kämpfende Tecumseh, der die Übersicht behielt und den gellenden Warnschrei ausstieß, als er sich plötzlich einer weit überlegenen Streitmacht gegenübersah. Die Rothäute reagierten schnell und zogen sich wieder in den Schutz der »Fallen Timbers« zurück.

Der Drill hatte sich bezahlt gemacht. Verbissen kämpfend verfolgten die Amerikaner mit gefällten Bajonetten ihre Gegner. Das Resultat waren blutige Einzelaktionen Mann gegen Mann. Das schiere Gewicht der amerikanischen Übermacht trieb die Indianer immer weiter zurück, durch die »Fallen Timbers« hindurch und aus ihnen heraus ins dahinterliegende offene Terrain. Hier hatten die Rothäute erst recht keine Chance mehr.

Blue Jacket gab den Befehl zum Rückzug nach Fort Miamis. Die Schlacht hatte nicht länger als eine Stunde gedauert.

Als die fliehenden, von den Amerikanern verfolgten Indianer vor den Palisaden ankamen, rieben sie sich erst die Augen, dann waren sie konsterniert. Mit dem Mut der Verzweiflung hämmerten sie gegen die geschlossenen Tore. Sie mußten erkennen, daß sie sich hier nicht in Sicherheit bringen konnten. Ihre britischen Verbündeten hatten sie schmählich im Stich gelassen.

Der kommandierende britische Major William Campbell berief sich auf seinen Auftrag, die Sicherheit des Forts keinesfalls in Frage zu stellen. Genau das hätte er zweifellos getan, wenn er den geschlagenen Indianern Zuflucht gewährt und damit den verfolgenden Amerikanern den Casus belli zum Angriff gegeben hätte.

Die Indianer, die diesen schändlichen Verrat so schnell nicht vergessen sollten, teilten sich in kleine Gruppen auf und versickerten in den umliegenden Wäldern. Sie überließen dem siegreichen General Wayne und seinen Truppen das Feld.

Der entrichtete Blutzoll hielt sich auf beiden Seiten in Grenzen: Die Amerikaner verloren 44 Mann und hatten 90 Verwundete zu beklagen. Die Indianer hatten ähnlich hohe Verluste, wenn auch wesentlich weniger Verwundete. Trotzdem: Die Schlacht in den »Fallen Timbers« war eine eindeutige und folgenschwere Niederlage der Shawnee und ihrer Verbündeten.

Die Diplomatie sah das anders. Für sie hatten sich die Rothäute trotz der Niederlage einmal mehr Respekt verschafft. Die USA gaben – wenn auch nur vorläufig – ihre vordem gehaltene Position auf, nach der die Eingeborenen ihre Selbständigkeit verloren und sich unter die amerikanische Oberhoheit zu beugen hatten. Die Indianer ihrerseits »verkauften« die Südostecke der sogenannten Northwest Territories neben einigen weißen Enklaven (darunter den heutigen Stadtbezirk von Chicago) gegen die Lächerlichkeit einer jährlichen Lieferung von Waren im Gegenwert von etwa 10 000 Dollar.

Die Angriffe auf die Kentucky-Siedler hörten auf, die Boote der Pioniere drifteten ungehindert den Ohio hinunter. Gefangene wurden ausgetauscht.

Damit war – bis auf einige wenige isolierte Scharmützel und Übergriffe – ein fast 20 Jahre währender Konflikt beendet. Die letzte Phase des amerikanischen Unabhängigkeitskrieges war abgeschlossen.

Go West: Die Grenzer und Siedler

Nach der entscheidenden Schlacht bei »Fallen Timbers« von 1794 war der zwischendurch fast versickerte Zug der Pioniere wieder zum mächtigen Strom angeschwollen. Allein im Sommer 1795 zogen 25 000 Siedler durch den »Cumberland Gap« genannten Paß über die Appalachen. Wann und wo es irgendwie möglich war, luden sie ihren Besitz in ein selbstgezimmertes oder gekauftes Boot und ließen sich stromab treiben.

Doch nicht alle Flüsse fließen sanft dahin: Stromschnellen, tückische Felsen, unerwartete Treibholzverhaue forderten Opfer an Menschenleben, an Hab und Gut. In den Augen der Pioniere waren das unvermeidliche Reibungsverluste, Risiken, die unter den hartgesottenen Grenzern mit einem Achselzucken quittiert wurden. Sie schienen und waren keinesfalls so bedrohlich und schreckenverbreitend wie die tödlichen Hinterhalte und Überfälle der Shawnee und der übrigen Stämme.

Die Siedler waren die Eindringlinge, die Landräuber. Aber sie spielten ihre Rolle meist unbewußt und nicht einmal aus eigenem Antrieb. Man muß sich nur einmal in ihre Lage versetzen. Versprechungen und Verlockungen profitsüchtiger Spekulanten und Agenten jeder Couleur hatten viele von ihnen in die Emigration gelockt. Die meisten aber hatten nicht aus Abenteuerlust oder Expansionsdrang den Trip über den großen Atlantik gewagt. Es waren bittere Not, Unterdrückung, religiöse Verfolgungen – es war oft genug die Verzweiflung, die Flucht aus der Leibeigenschaft, die viele Europäer zu dem schicksalhaften Schritt veranlaßten.

Sie waren ohne Rückreiseticket in die Neue Welt aufgebrochen. Sie standen mit dem Rücken zur Wand. Es war nicht nur die aggressive und rücksichtslose Eroberungssucht, die sie beherrschte – es war vielfach der nackte Selbsterhaltungstrieb, der sie die widrigsten Umstände überwinden und sich in diesem »von wilden Tieren und noch wilderen Indianern bewohnten Teil der Welt« behaupten ließ.

Unter ihnen befanden sich viele Deutsche. Sie taten sich eher als Kolonisten des zweiten Schubes hervor, denn als die echten Rauhbeine der vordersten Front, die ihr Land den Indianern und der Wildnis abtrotzten. Sie beschränkten sich nicht darauf, irgendwelche Lichtungen zu bepflanzen und »um die dicksten Bäume herumzupflügen«. Sie rodeten gewissenhaft und mit Stumpf und Stiel und bauten solide Blockhäuser. Sie säten und ackerten, vergrößerten ihren Radius immer weiter und zeugten bei alledem viele, viele Kinder. Die Nachkommen wuchsen heran und rodeten und ackerten ebenso unverdrossen wie ihre Altvorderen.

Es kommt auf den Standpunkt an, wie man ihren Einfluß auf die Umwelt betrachtet: negativ, weil die ursprüngliche Wildnis vernichtet wurde – positiv, weil sie nützliches Kulturland schufen. Land, das im Vergleich zu der extensiven Jagd- und Sammlerkultur der Indianer das Vielfache an Menschen zu ernähren vermochte.

Aber auch von den deutschen Einwanderern verschwendete kaum einer einen Gedanken daran, daß ihr Besitz zuvor mit brutalen oder zumindest fragwürdigen Mitteln den Ureinwohnern aus den Händen gewunden worden war.

Wir, in unserer Rolle als europäische Zeitgenossen, sollten uns hüten, den Stein gegen die weißen Amerikaner zu erheben oder ihn gar zu werfen: Die USA existieren zum Zeitpunkt der ersten Einwanderungsschübe noch gar nicht. Es sind also nicht die Amerikaner, denen wir bis dahin Landraub, Vertreibung oder gar Völkermord in die Schuhe schieben können. Mitte des 18. Jahrhunderts waren es europäische Kolonisten und deren Nachkommen, die das Land eroberten und die Indianer verdrängten. Es waren Spanier, Engländer, Franzosen, Schotten, Holländer, Schweden, Russen, Deutsche – es waren unsere eigenen Vorfahren.

Ihr Dasein war alles andere als ein Zuckerlecken. Sie mußten sich erst mal mit der Wildnis, dem endlosen Wald auseinandersetzen. Die Neuankömmlinge wechselten ihre zerrissenen Schuhe gegen Mokassins, zogen statt ihrer abgetragenen Stoffhemden und Westen solche aus Hirschfell über, schwangen die Axt. Sie errichteten ein sogenanntes »lean-to«, einen mit Zweigen und Blättern abgedeckten, nach einer Seite offenen Unterschlupf. Sie verbrannten das Unterholz, fällten oder rindeten die Bäume, damit sie später abstarben. Anders als die Deutschen ließen sie die dicksten Strünke einfach stehen, pflügten um sie herum. Es war eine harte, eine knochenbrechende Fron. Die Frauen suchten die umliegenden Wälder nach Beeren und eßbaren Früchten ab, während ihre Söhne immer tiefer in die scheinbar endlose und ewige Wildnis auf der Suche nach Wild eindrangen und – vorläufig noch – reiche Beute nach Hause brachten. Sie pflanzten Mais. Bei dem Einsatz von nur einem Zehntel des Saatgutes brachte Mais einen viermal höheren Ertrag als ein gleich großes Weizenfeld. Inzwischen hatten die Kolonisten statt des primitiven offenen Unterschlupfes eine einfache, grob zusammengefügte Blockhütte gebaut.

Nach der Jagd war Mais das Hauptnahrungsmittel für Mensch und Tier. Die Frauen bereiteten aus den grünen Maiskörnern einen Pudding, den sie mit Beeren – oder auch manchmal als besondere Geschmacksnuance – mit Heuschrecken anreicherten. Sie aßen die weichen inneren Schalen der Stengel als eine Art von Spargelersatz. Sie zerstießen oder mahlten die Körner in Mörsern und buken Brot oder kochten Brei daraus. In den der Wildnis abgerungenen Gärten pflanzten sie Erbsen, Melonen, Kürbisse, Kartoffeln und Tabak.

Die Knaben fischten in den Bächen, Flüssen und Seen, während die Männer jede freie Stunde zur Jagd nutzten. Das Fleisch der Hirsche, Elche, Opossums, Stinktiere, Eichkatzen, Schwarz- und Waschbären, des gefiederten Wasserwildes und der Truthähne wurde zur wichtigsten Fleischnahrung der Grenzer.

Bald hielt man sich eine Milchkuh, ein paar Dutzend Hühner, einen oder mehrere Hunde. Doch am weitesten verbreitet und am wertvollsten waren die Schweine, die sich an Eicheln, an anderen Früchten und Wurzeln im Wald selbstversorgten. Schweine sind nicht nur nützliche, sondern auch kluge Tiere. Es ranken sich unendlich viele Geschichten und Legenden um das an der Grenze lebende Borstenvieh.

Bald war aus der Blockhütte ein »Saddlebag«- oder »Dogtrot«-Haus geworden. Es bestand aus zwei nebeneinanderliegenden Hütten mit einer überdachten Passage dazwischen.

Auch wenn die Brandrodung genug Asche verteilt hatte, um den Mais ein paar Jahre hintereinander prächtig gedeihen zu lassen, wechselte der kluge Pionier als-

Diese romantische Darstellung des Pionierdaseins entsprach nur selten der rauhen Wirklichkeit

bald den Mais durch den Anbau von Bohnen oder Squash aus, um dem Boden eine Chance zur Erholung zu geben. Mit dem fortschreitendem Aufschwung hielt man sich Pferde als Zug- und Reittiere.

Aus unserer heutigen Sicht entwickelte sich eine faszinierende Siedleridylle. Leider hatte sie nicht immer Bestand. Oft genug klopfte irgendwann in der Nacht ein Nachbarsjunge an die Tür. Er wisperte ein einziges Wort – »Injuns!« –, bevor er verschwand und die anderen Siedler warnte.

Es dauerte nur Minuten, und die Mutter hatte die kleinen Kinder auf dem Arm, der Vater griff sich ein paar Sachen, seine Waffe, und sie schwangen sich auf den Rükken der Pferde oder hetzten zu Fuß los, um sich hinter der nächsten Palisade in Sicherheit zu bringen. Wenn sie dann zurückkehrten, fanden sie in vielen Fällen den mühevoll aufgebauten Besitz eingeäschert, die Haustiere geschlachtet oder weggetrieben, Felder und Gärten verwüstet. Oder sie erlitten das härteste Grenzerschicksal: Die Rothäute tauchten urplötzlich und scheinbar aus dem Nichts auf, metzelten nieder, wer oder was sich ihnen in den Weg stellte, und verschleppten alles übrige – ganz gleich, ob Mensch oder Tier.

Die Indianer, unter denen die Shawnee eine besonders makabre Rolle spielten, überfielen immer wieder isolierte Siedlungen und einzeln stehende Blockhäuser. Sie begingen unvorstellbare Grausamkeiten. Sie marterten die gefangenen Männer und schlitzten den schwangeren Frauen die Bäuche auf.

Die Pioniere zahlten, soweit sie dazu Gelegenheit hatten, mit gleicher Münze zurück: Sie fragten nicht lange, ob eine auftauchende Rothaut eine freundliche oder feindliche Absicht hegte, sondern – wann und wo sie auch immer erscheinen mochte – sie schossen sofort. Andere fanden an der systematischen Indianer-Jagd ihr perverses Vergnügen und schonten ihrerseits weder Frauen noch Kinder.

Unter meist harten und oft genug schrecklichen Realitäten entwickelte sich eine Grenzergeneration eigener Prägung: Sie war gewalttätig, hartnäckig, grausam, rücksichtlos gegen sich und gegen andere – aber auch tapfer, widerstandsfähig, hilfsbereit und unbeirrbar unabhängig. Ihre Frauen waren aus dem gleichen Holz geschnitzt.

Sie setzten ihre eigenen Moralvorstellungen durch. Sie bauten und bemannten immer weiter westlich immer neue Forts. Sie stellten ihre eigenen Vigilanten- und Regulatoren-Verbände auf. Ihr Rechtskonzept war direkt aus dem Alten Testament abgeleitet und bestand im wesentlichen aus dem Prinzip »Auge um Auge, Zahn um Zahn«. Sie vertrauten auf Gott und die Treffsicherheit ihrer »Kentucky Rifles«.

»Wenn du einen Hirsch oder ein Stück Bärenfleisch haben willst, um deinen Magen zu füllen, dann greife zur ›Long Rifle‹, andernfalls vergeudest du mehr Pulver, als es wert ist«, empfiehlt James Fenimoore Coopers Held Natty Bumppo dem Richter.

Die »Long Rifle«, heute eher unter dem Namen »Kentucky Rifle«, aber seinerzeit auch unter »Pennsylvania«-, »Hog«- oder »Stump Rifle« bekannt, war ein Steinschloß-Vorderlader, der dank schweizerischer und deutscher Büchsenmacher-Kunst, im Gegensatz zu der sonst üblichen Muskete, keinen glatten, sondern einen langen, gezogenen Lauf hatte. Sie kam mit einer kleineren Pulverladung als die vordem existierenden Schußwaffen aus. Die Laufrillen verliehen der Bleikugel den Drall oder die Rotation um die Längsachse, die ihr im Gegensatz zur sich überschlagenden Musketenkugel Flugstabilität und Tragweite vermittelte. Während eine alte Muskete allenfalls auf 50 Meter ihr Ziel – das Tier oder schlimmer den Menschen – ereilte und nach 150 Metern völlig wirkungslos wurde, konnte ein guter Schütze mit einer »Kentucky Rifle« auf 50 Meter eine Münze treffen oder einen Hirsch noch auf eine Entfernung von 200 Metern zur Strecke bringen.

Zur Ausstattung gehörte das dreiviertel Pfund Pulver enthaltende Horn, genug für 75 Schuß, und ein Lederbeutel, der die Bleikugeln, die Feuersteine, eine Ahle und eine Bürste zur Reinigung der Pulverpfanne enthielt.

Die »Kentucky Rifles« waren von Büchsenmachern wie Johann Schreidt kunstfertig und sorgfältig gearbeitete Einzelstücke. Glücklicherweise war die Kapazität dieser Meister viel zu gering, um die zeitgenössischen Armeen mit dieser ebenso eleganten wie mörderischen Schußwaffe zu versorgen. Es wäre noch mehr Blut geflossen.

Die »Kentucky Rifle« ist ein Symbol des Grenzer-Mythos – der Mann, der mit der Waffe in der Faust sich und die Seinen tapfer und unerschrocken gegen die Wildnis, die in ihr lebenden Raubtiere und Eingeborenen verteidigt. Wenn es sein muß, bis zum letzten Blutstropfen. Sie steht für den Mythos des weißen Uramerikaners, der sich weder von Konventionen noch von Vorschriften einengen läßt. Die absolute Unabhängigkeit und Ellbogenfreiheit sind seine Ideale. Sobald ihn die Zivilisation mit all ihren Verpflichtungen und Kompromissen eingeholt hat, packt er seine Sachen, schultert seine »Long Rifle«, zieht vondannen und setzt sich noch tiefer in die »ungezähmte Wildnis« ab.

Die Pioniere brachen auf in das sogenannte freie Land im Westen, das in Wirklichkeit den Indianern gehörte. Sie töteten oder vertrieben die rechtmäßigen Herren des Landes. Aber auch sie bezahlten oft einen blutigen, bitteren Preis.

*

Die Geschichte der Mary Ingles war noch Jahrzehnte später in aller Munde. Sie ist eine bewegende, eine haarsträubende Geschichte. Aber es ist nur eine von vielen. In ihr hatten Tecumsehs Vorfahren, vielleicht sogar sein eigener Vater, eine böse Rolle gespielt:

Am 8. Juli 1755 überfielen die Shawnee die schottisch-irische Siedlung Draper's Valley in den Appalachen West Virginias. Sie töteten die Männer, die sich ihnen in den Weg stellten, trieben die Pferde weg, zündeten die Hütten und Ställe der Siedler an. Einer der Krieger schmetterte den Kopf von John Drapers Baby gegen einen Türpfosten. Er entführte seine Frau Bettie, deren Arm durch eine Musketenkugel gebrochen worden war. Nicht besser erging es der im neunten Monat schwangeren 23jährigen Mary Ingles und ihren beiden zwei- und vierjährigen Söhnen. Mary, so heißt es, war eine Frau von kräftiger Statur und unbeugsamer Willenskraft.

Mary Ingles kam auf dem Rückzug in der dritten Nacht nieder. Wie eine indianische Squaw saß sie am nächsten Morgen wieder auf ihrem Pferd und ritt scheinbar unbeeindruckt mit ihrem Kind an der Brust weiter.

Bettie Darper mußte das übliche Spießrutenlaufen über sich ergehen lassen und wurde dann von einem der bedeutenderen Krieger als zusätzliche Frau oder Sklavin in seinen Wigwam aufgenommen. Marys kleine Söhne wurden weitergegeben: Der zweijährige Thomas landete bei den Ojibwa in der Nähe von Detroit, der vierjährige George bei den Miami am Ohio.

Bei dem Überfall hatten die Shawnee unter anderem einen Ballen buntkariertes Tuch erbeutet. Mary Ingles machte sich sofort daran, daraus Hemden zu nähen. Sie riefen bei den Kriegern große Begeisterung hervor und brachten sowohl ihr als auch ihrem »Besitzer« eine beachtliche Reputation ein.

Diese Wertschätzung hinderte die Shawnee nicht, die Weiße als kräftige Trägerin für eine Expedition zu dem Big Bone Lick, einem 90 Meilen weit entfernten Salzvorkommen, mitzunehmen. Mary Ingles sah eine Chance zur Flucht. Die Seelenqualen der Frau sind kaum vorstellbar. Sie mußte eine Entscheidung treffen, und sie traf sie. Sie mußte ihr neugeborenes Kind zurücklassen. Zusammen mit einer älteren Holländerin, die schon einige Zeit als Gefangene und Sklavin unter den Shawnee lebte – ihr Name ist nicht überliefert –, gelang es Mary, sich im Schutze der Dunkelheit fortzustehlen.

Außer einer Decke und einem Tomahawk konnten die Flüchtlinge nichts mitnehmen. Zwischen ihnen und Draper's Valley lagen 250 Meilen oder rund 340 Kilometer weglose Waldwildnis und die damals nur auf wenigen Pässen überwindlichen Berge der Appalachen. Die beiden Frauen planten, dem Ohio aufwärts bis zur Mündung des Kanawha River zu folgen, dann ostwärts an diesem Nebenfluß entlang abzubiegen, auf der anderen Seite des Gebirges den Oberlauf des New River zu erreichen und den Fluß als Wegweiser zu nutzen, bis sie vertrautes Gebiet erreichten.

Die Shawnee konnten sich nicht vorstellen, daß ihre Gefangenen geflohen waren. Ihr Lager lag 90 Meilen entfernt. Bis zu den Siedlungen der Weißen war es dreimal so weit. Die Rothäute glaubten, die weißen Frauen hätten sich beim Beerensammeln hoffnungslos verirrt, seien vielleicht auch einem Bären oder Puma zum Opfer gefallen. Sie feuerten noch ein paar Signal- und Orientierungsschüsse ab, zuckten ratlos mit den Schultern und zogen ohne die beiden ab.

Der Marsch am Ohio entlang erwies sich für die beiden Flüchtlinge als ungeheuer mühsam. Am Flußufer war nicht nur die Vegetation am üppigsten und dichtesten, hier strömten auch die einmündenden Nebenflüsse und Bäche am stärksten. Sie mußten durchquert werden. Da beide nicht schwimmen konnten oder wollten, mußten sie oft meilenweit stromauf gehen, bis sie endlich die Gewässer furten, die andere Seite erreichen und sich zu ihrer wichtigsten geographischen Flucht-Orientierungslinie, zum Ohio, zurückkämpfen konnten.

Sie hatten keine Mittel, ein Feuer zu entzünden. Sie mußten sich von Nüssen, Beeren, eßbaren Wurzeln und wilden Weintrauben ernähren. Des Nachts rafften sie etwas Laub zusammen und kauerten sich eng aneinandergeschmiegt unter der Decke zusammen. Als ihre Mokassins zu Fetzen zerfielen, rissen sie sich Stoffstreifen von ihren Kleidern und wickelten sie sich um die zerschundenen Füße.

Aber sie erlebten auch einige Momente des Glücks, als sie eine verfallene Hütte und ein Feld mit reifen Maiskolben fanden. Dem folgte eine noch größere Himmelsgabe: Kaum ihren Ohren trauend, hörten sie das schwache Gebimmel eines Glöckchens. Sie schlichen sich vorsichtig näher und entdeckten eine alte, klapprige Mähre, die sich irgendwann verlaufen hatte. Für die Flüchtlinge war das Pferd ein Geschenk des Himmels; jetzt konnte im stetigen Wechsel wenigstens eine von ihnen reiten, während die andere das Tier am Zügel führte. Sie stopften Laub in das Glöckchen und zogen weiter. Die Vorsichtsmaßnahme erwies sich als angebracht: Nur knapp entgingen sie der Entdeckung durch einen Trupp von Shawnee-Kriegern, der ihren Weg kreuzte.

Später rutschte dann der alte Zossen bei dem Versuch, einen der vielen Zuflüsse über eine Brücke aus umgestürzten Bäumen zu überqueren, in den Strom und ertrank.

Als sie endlich den Kanawha River erreichten und sich stromauf wandten, waren sie erschöpft und so hungrig, daß sie einen veraasten Hirschschädel abnagten, der am Ufer angetrieben war und sich im Weidengestrüpp verfangen hatte.

Es war inzwischen Mitte November geworden. Die Nächte wurden empfindlich kalt. Die Widerstandskräfte der Flüchtlinge erlahmten. Zu alledem wurde der Weg um so schwieriger, je weiter sie in das Gebirge eindrangen: Der Kanawha strömt durch eine enge Schlucht. Die

Frauen mußten in halsbrecherischen Klettereien schwierige Geröllfelder überwinden oder tief durch das Wasser waten. Aber sie kämpften sich weiter.

Verzweiflung, Erschöpfung und nagender Hunger trieben die Holländerin zu dem Vorschlag, daß eine die andere töten und aufessen sollte, um wenigstens einer von ihnen eine Überlebenschance zu eröffnen. Jetzt schien auch Mary Ingles am Ende ihrer Nerven. Aber Angst und Panik verliehen ihr neue Kräfte: Sie ließ ihre Begleiterin zurück und floh Hals über Kopf.

Als sie sich schon selbst aufgeben wollte, glaubte sie, Landmarken zu entdecken, die ihr vertraut vorkamen. Sie ruhte sich aus, raffte das verbliebene Restchen Überlebenswillen und Kraft zusammen und schleppte sich weiter.

Zwischen ihr und der Rettung erhob sich der Anvil Rock, der Amboß-Fels, eine riesige, an die hundert Meter hohe, überhängende Klippe, fußlos in den Fluß abfallend. Ein unüberwindliches Hindernis, das Mary über steile Geröllhänge umgehen mußte.

In der Nacht hatte es geschneit. Der Boden war rutschig, naß, der Fels glatt. Sich mit klammen Händen anklammernd, kroch die Frau unter übermenschlicher Kraft- und Willensanstrengung immer höher den steilen Hang hinauf. Sie krabbelte wie ein Kind einen ganzen Tag lang auf allen vieren, bis sie endlich die letzte Schranke erreichte, die sie von ihrer Heimat trennte.

Der Siedler Adam Harmon hörte Marys schwaches, halbersticktes Rufen in seinem Maisfeld, fand die Frau, führte sie in sein Haus. Er gab ihr ein paar Tage Zeit zur Erholung. Dann brachte er sie zu ihrem Mann zurück.

Auch die alte Holländerin hatte Glück. Sie stolperte eher tot als lebendig in das Lager eines Jägers.

Mary Inglis sollte weder ihr Baby noch ihren jüngeren Sohn je wiedersehen. Die beiden Kinder blieben verschollen. Lediglich der ältere Thomas konnte, inzwischen 16jährig, den Indianern wieder abgekauft werden. Er entpuppte sich als ein wilder, verschlossener, unsteter Kaspar Hauser, »der seinen leiblichen Eltern als Fremder gegenübersteht«, wie es in der Erzählung heißt.

Ähnlich erging es John Drapers Frau Bettie. Als sie nach sechs Jahren gegen reichliches Lösegeld die Freiheit wiedererlangte, war sie »eine vollkommen andere als die, die John als Gemahlin in Erinnerung hat«, wurde in den Pionier-Hütten abends beim Flackern des Kienspans erzählt.

*

Mais, Mais und nochmals Mais. Das »indianische Korn« spielte die wichtigste Rolle in der Ökonomie der Grenzer. Es dauerte meist nicht lange, und es entstand eine kleine Destillerie, um aus dem Mais Whisky zu brennen. Der Schnaps war nicht nur für den eigenen Gaumen bestimmt, er wurde bald zur wichtigsten Grenzerwährung: Eine Gallone (3,8 Liter) galt als Naturalzahlungsmittel im Gegenwert von einem Vierteldollar. Lehrer erhielten ihren Lohn in flüssiger Form, und jeder Händler nahm den entsprechenden Gegenwert von »corn likker« als Bezahlung für seine Waren an.

»Er riecht wie schimmliger Wundbrand, er schmeckt wie der göttliche Zorn, und wenn du einen tiefen Zug davon nimmst, dann hast du das Gefühl, eine brennende Petroleumlampe verschluckt zu haben«, lamentierte ein zeitgenössischer Connaisseur.

Man durfte die praktische Seite der Whiskybrennerei nicht unterschätzen. Mais in Whisky zu verwandeln, war seinerzeit die einfachste, die schnellste und billigste Möglichkeit, die Feldfrucht zu Geld zu machen. Ein Packpferd konnte lediglich vier Bushel oder rund zwei Zentner Mais über die Appalachen in die Städte und Märkte tragen, doch in seiner gebrannten und konzentrierten Form schaffte das gleiche Tragetier die sechsfache Menge.

Für die Pioniere bedeutete der Schluck »corn likker« die verdiente Labsal nach des Tages harter Arbeit. Für viele, viele Indianer dagegen wurde das Feuerwasser zur Obsession. Ihm sollten viel mehr Krieger, aber auch Frauen und Kinder zum Opfer fallen als dem Pulver und Blei der Weißen.

Allein in Kentucky gab es alsbald etwa 1500 Haus- oder Familien-Brennereien. Eine solche Anlage bestand aus einem birnenförmigen Kupferkessel, der in einer wassergekühlten Kupferschlange, dem »Wurm«, auslief. In ihm wurde die »Bier« genannte Maische aus Maismehl, Gerstenmalz, Kleie und Hefe aufgekocht. Der Alkohol verdunstete und verflüssigte sich wieder in der Kühlschlange. Das Extrakt oder der »Vorlauf« wurde nochmals gebrannt oder »doubled«. Die ausgelaugte Maische taugte immer noch als Schweinefutter. Sie hatte noch genug Kraft, auch die Borstentiere in einen angenehmen Rauschzustand zu versetzen und sie gleichzeitig zu mästen.

Die inzwischen seit 200 Jahren gepflegte Tradition neben der legalen Herstellung auch illegal Whisky oder Bourbon zu brennen, hat sich trotz aller amtlichen Gegenmaßnahmen bis in die heutigen Jahre in Kentucky und in den benachbarten Bundesstaaten erhalten und ist Teil der regionalen Folklore geworden.

Die Prediger – grundsätzlich einem ordentlichen Schluck nicht abgeneigt – sahen den naturgemäß recht ansehnlichen Eigenverbrauch ihrer Gemeinden mit argwöhnischen Augen. Eine Debatte über die Vereinbarkeit des Whisky-Konsums mit der Religion führte zu dem salomonischen Urteil: »Nicht unvereinbar.«

Als der Congress sich zum ersten Mal zur Einführung einer Whiskysteuer verstieg, um die durch den Revolutions- und die Indianerkriege leeren Kassen aufzufüllen, kam es um ein Haar zur Rebellion. Steuereintreiber wurden geteert und gefedert, Tausende von Rebellen besetzten Pittsburgh. Der Regierung blieb keine andere Wahl, als die Steuer wieder aufzuheben und nach anderen Wegen zu suchen, ihre Untertanen zu schröpfen.

Den weißen Siedlern folgten die Händler, die Handwerker, die Wirte, die Ärzte, die Anwälte, die Prediger. Es entstanden Siedlungen, Dörfer, Städte.

Edward West, ein Silberschmied, erfand eine Anlage, die maschinell Nägel herstellte. Das erleichterte entscheidend den Bau von Hütten und Häusern, von Ställen und Scheunen.

Trotz mancher technischer Entwicklungen blieb es vielerorts ein hartes, wildes, freies Leben, das die Grenzer bis zur Wende zum 19. Jahrhundert führten. Im Gegensatz zu den ersten individualistischen Pionieren rückten sie näher zusammen. Man lebte nicht mehr so weit entfernt vom Nachbarn; der Weg dorthin war inzwischen sicher geworden, die nächste Siedlung schnell erreicht. Es entwickelte sich ein soziales Miteinander. Wenn auch ihre Zusammenkünfte und Feste ebenso rauh waren wie das wilde, immer noch ungezähmte Land, das die Männer und Frauen der zweiten Siedlergeneration mit schwieligen Händen urbar gemacht hatten, die Grenzer hatten ihren Spaß. Sie veranstalteten Pferderennen, bei denen es darum ging, einer gut eingefetteten, verkehrt herum aufgehängten Gans im vollem Galopp den Kopf abzureißen. Es wurde auf alles gewettet, »was vier Beine und Haare hatte« und über eine rasch improvisierte Rennbahn getrieben werden konnte. Blutige Hahnen- und Hundekämpfe waren eine andere, sehr beliebte Form des Zeitvertreibs. Streitigkeiten wurden in den Kneipen mit den Fäusten ausgetragen. Es war eine ungebremste, unorthodoxe Form des Vergnügens und ein Ventil, aufgestauten Druck abzulassen. Feinsinnigen Psychologen einer späteren Epoche blieb es vorbehalten, für diese Form der Freizeitgestaltung den abenteuerlichen Begriff der »recreational violence« zu erfinden.

Prediger zogen von Siedlung zu Siedlung, von Red River nach Muddy River, von Cane Ridge nach Danwell, von Knoxville, Frankfort, Louisville nach Maysville. Sie verstanden es, den Grenzern mit mehr oder minder drastischen Darstellungen den leibhaftigen Satan genauso realistisch wie einen Tomahawk-schwingenden Shawnee in voller Kriegsbemalung zu beschreiben und die Hitze des Höllenfeuers förmlich am eigenen Leib spürbar zu machen. Sie prophezeiten all jenen die ewige Verdammnis, die den Sabbat mißachteten, die gotteslästerlich fluchten und ein Begräbnis als Gelegenheit zum Whisky-Saufen ansahen. »Sie ringen mit Gott um Erlösung. Vor ihren Worten beginnt die Hölle zu erzittern und das Königreich des Satan in Stücke zu brechen.« Auch die verstocktesten Sünder, so hieß es, »senken in Demut die Köpfe, schlagen reuig die Hände vors Gesicht und beginnen, ob ihrer Untaten bitterliche Tränen zu vergießen«.

Wo Menschen auf relativ engem Raum zusammenleben, ist Streit angesagt, und überall wo es Streit gibt, da ist auch bald ein Rechtsberater oder Anwalt zur Stelle. Immer noch galt: »Der Advokat ist einer, der wartet, bis beide Parteien die Jacken abgelegt und die Ärmel aufgekrempelt haben und der sich dann mit ihren Brieftaschen davonmacht.«

Eine besondere juristische Qualifikation war nicht erforderlich, dafür aber eine natürliche Gabe, gute Geschichten erzählen zu können – daneben Stimmgewalt, ein gesunder Menschenverstand, eine rasche Auffassungsgabe und vor allem anderen eine hervorragende körperliche Konstitution.

Die meiste Zeit verbrachten diese reisenden Rechtsverdreher zu Pferde mit nicht viel mehr Gepäck als einem Hemd zum Wechseln und einem mehr oder minder zerfledderten Gesetzbuch in den Satteltaschen. An den Gerichtstagen mußten sie in der Lage sein, bis zu anderthalbdutzend Fälle lautstark und möglichst positiv für ihre Mandanten durchzuboxen. Hierbei kam es nicht nur auf eine spitzfindige und erfolgreiche Interpretation der Gesetze an, sondern vor allem darauf, eine gute und eindrucksvolle Show abzuziehen. »Damit«, wie die Leute sagten, »man wenigstens etwas für sein Geld geboten bekommt.«

Wenn das nichts half, wenn die Lösung sich als unmöglich oder zu kompliziert erwies, verfügte das Hohe Gericht schon mal, daß die beiden gegnerischen Parteien einschließlich der Anwälte ihren Streit mit den Fäusten auszutragen hatten.

In schwereren, ernsteren Fällen wie Pferdediebstahl wartete man nicht unbedingt das Eintreffen des Rechtsbeistandes ab. Nach dem Motto »Montags gestohlen, dienstags gefangen, mittwochs verurteilt, donnerstags gehängt und freitags begraben« wurde kurzer Prozeß gemacht.

Ähnlich unorthodox gaben sich auch die Ärzte. Jeder Laie mit rudimentären medizinischen Kenntnissen konnte sich »Indianer-Doktor«, »Botaniker«, »Homöopath« oder schlicht »Doktor« nennen. In erster Linie ließen diese Söhne Äskulaps ihre Patienten zur Ader, schmierten geheimnisvolle Salben auf die Wunden, amputierten Glieder, verabreichten »painkiller« genannte Arzneien gegen »innere Entzündungen« nach dem Motto »Je bitterer, um so hilfreicher und teurer«. Die Docs sprachen sowohl den Patienten wie den händeringenden Angehörigen Mut und gute Hoffnung zu, bevor sie wieder ihr Pferd bestiegen und flugs in die nächste Siedlung weiterritten. Bei Mißerfolg war keinesfalls garantiert, daß der behandelnde Arzt ungeschoren davonkam.

Eine Ausnahme in dieser Gilde der Scharlatane und Kurpfuscher war Dr. Ephraim McDowell. Dieser Mediziner hatte in Europa, im schottischen Edinburgh, studiert und war auf der Höhe der neuesten medizinischen Erkenntnisse. Als er zu einer Siedlersfrau gerufen wurde, die angeblich mit Zwillingen niederkommen sollte und nicht gebären konnte, ließ er die sterbenskranke Frau in sein nur mit dem Allernötigsten versehenes, krudes Operationszimmer bringen. Er wartete wohlweislich einen Tag, dann war zufällig Weihnachten, das Fest des Friedens und der Einkehr, an dem die Versammlung der Frommen Gelegenheit hatte, für die komplizierte Niederkunft den Segen und die Hilfe des Allmächtigen herabzuflehen und inbrünstig zu beten. Als auch das nichts nutzte und die neuen Erdenbürger sich einfach nicht einstellen wollten, traf die Gemeinschaft Vorbereitungen, den guten Doktor zu lynchen. Endlich geschah das Wunder. Die Bemühungen des Arztes waren von Erfolg gekrönt. Leider förderte Ephrahim McDowell weder Zwillinge noch Drillinge ans Tageslicht, sondern den leibhaftigen Satansbraten eines 20pfündigen Gebärmuttertumors. Der Arzt vernähte die Wunde, und Mrs. Crawford, die während der Operation Psalmen rezitiert hatte und von vier kräftigen Männern niedergehalten worden war, gesundete und erreichte das reife Alter von 78 Jahren.

Die operative Vorgehensweise des Grenzerarztes, wo andere sich fatalerweise mit Salben, Tinkturen und Umschlägen zufriedengegeben hätten, galt auch beim medizinischen Establishment der Ostküste als revolutionär und wurde heiß und kontrovers diskutiert. McDowell führte – neben seinem üblichen Medizineralltag – noch ein knappes Dutzend weiterer komplizierter Eingriffe durch und verlor über all diesem Ungemach nur eine einzige Patientin. Sein guter Ruf sollte Generationen überdauern.

*

Nach und nach kamen wohlhabende Pflanzer mit ganzen Horden schwarzer Sklaven und begannen im großen Stil die Waldwildnis zu roden, um Tabak anzubauen. Mancher Pionier, der mit blutigen Händen ein Stück Land urbar gemacht hatte, wurde wieder vertrieben, weil Politiker und Spekulanten plötzlich dubiose Besitztitel vorweisen konnten und ausgedehnte Flächen untereinander verschacherten.

Die Landhaie verstrickten die Siedler in kostspielige und enervierende Rechtshändel. Korrupte Politiker kochten ihr eigenes Süppchen. Die Behörden im fernen Osten legten ihnen eine schwere Steuerbürde auf. Mancher Siedler packte seine Sachen, zog weiter »und suchte die Gegenden auf, wo die menschliche Natur nicht von der Religion tyrannisiert und das Vergnügen nicht durch den

Zwang zur Tugend beeinträchtigt wurde«, wie es einer von ihnen ausdrückte. Und wieder nahmen sie Land, das den Indianern gehörte. Jedes Stück Waldwildnis, das die Pioniere besetzten, rodeten und bebauten, jeder Quadratmeter Prärie, die die Rancher später einzäunten, schmälerte einmal mehr den Lebensraum der Ureinwohner Amerikas.

Ohne auch nur nach den rechtmäßigen Besitzern zu fragen, drangen die ungebärdigen Grenzer in fremde Territorien ein, raubten das Land und vertrieben die rechtmäßigen Herren, die Indianer, mit Waffengewalt und schrien Zeter und Mordio, wenn die Eingeborenen versuchten, ihrem Raub Einhalt zu gebieten.

Die aggressiven, bald sagenumwobenen »frontiersmen« waren die Speerspitze der fortschreitenden Expansion der USA. Sie ging zu Lasten einer ursprünglichen, althergebrachten Kultur und führte zu ihrer Vernichtung. Den Schlußpunkt setzte ein anderer ebenso falscher und mörderischer Mythos: Es war die »ruhmreiche« Seventh Cavalry, die am 29. Dezember 1890 am Wounded Knee 300 meist wehrlose Sioux – Männer, Frauen und Kinder – tötete.

*

Die ersten Siedler waren eine krude, rauhe, wilde Gesellschaft, genau wie das Waldland, das sie zu ihrer Heimat machten – Leute, die auch heute noch die höchsten Sympathiewerte in den USA genießen. Auch wir Europäer sehen manche unserer sporadisch auftauchenden Verwilderungswünsche und atavistischen Anwandlungen durch sie personifiziert und bestätigt.

Der »Grenzermythos« scheint unausrottbar. Er ist offenbar ungebrochen. Er spukt in den Köpfen der längst urbanisierten Amerikaner herum. Er ist mit dafür verantwortlich, daß sich auch Stadtmenschen bis an die Zähne bewaffnen, ihr Recht selbst suchen und Auseinandersetzungen mit der Waffe in der Faust ausgetragen werden. Das gilt nicht nur für den kriminellen Bereich. Man hat mitunter den Eindruck, diese Haltung sei eine makabre Form des von der Verfassung garantierten »pursuit of happiness«, des Rechts auf das persönliche Glück, zu dem in den USA ganz offenbar der Besitz einer Schußwaffe gehört.

Diese atavistische Einstellung ist unter anderem mitverantwortlich dafür, daß heute in den Vereinigten Staaten Jahr für Jahr weit über 20 000 Menschen allein durch Schußwaffengebrauch sterben.

Selbst die Registrierung von Feuerwaffen wird von der Mehrzahl der Amerikaner als Beschneidung der persönlichen Freiheit vehement abgelehnt. Man nimmt dafür in Kauf, daß sich vor allem in den Ghettos und Slums Menschen über den Haufen knallen. Selbst vorsichtige Versuche, eine gemäßigte Form der Waffenkontrolle durchzusetzen, kommt politischem Selbstmord gleich. Die breite, vor allem aber die konservative Mehrheit nimmt eher das tägliche Blutbad in Kauf, als »Eingriffe in die Grundfreiheiten und die Beschneidung der Persönlichkeitsrechte« zu dulden.

Vier Millionen Weiße, 100 000 Indianer

Im Süden gaben die Creek- und Cherokee-Indianer Ende des 18. Jahrhunderts immer noch keine Ruhe. Obwohl im Nordwesten das Kriegsbeil begraben worden war und die beiden Stämme zu den »zivilisierten« gehörten, waren sie nach wie vor weit davon entfernt, als »gezähmt« zu gelten.

Die Spanier blockierten den Zugang zur Mississippi-Mündung und Golfküste. Damit schränkten sie den Handel der Siedler mit Tabak, Holz, Fellen und Feldfrüchten erheblich ein. Die weißen »Westerner« fühlten sich von allen Seiten bedrängt.

Es gab Bestrebungen, kleine unabhängige Republiken wie den »State of Franklin« zu gründen oder sich unter die Fittiche des spanischen Königs zu begeben. Alle diese Versuche erwiesen sich als recht kurzlebig und fielen wie ein Kartenhaus in sich zusammen.

Unbemerkt von den Siedlern wie auch von den Indianern waren im fernen Europa wichtige Weichen gestellt worden. Noch 1783 hatten England und Spanien alles daran gesetzt, eine Ausdehnung der neuen Vereinigten Staaten nach Westen zu verhindern. Unter flagranter Verletzung der nach den Revolutionskriegen ausgehandelten Vertragsbedingungen harrten die Engländer in den südlich der Großen Seen gelegenen Forts aus und betätigten sich im Ohio-Tal weiterhin im lukrativen Pelzhandel. Das ehemalige Mutterland wollte die in das damals britische Montreal fließende Fellbeute aus den »amerikanisch« gewordenen Regionen nicht aufgeben. Die Spanier fürchteten, daß eine amerikanische Expansion das von ihnen – noch – gehaltene Florida und das westlich des Mississippi gelegene Louisiana in Schwierigkeiten bringen könnte.

Man bemühte sich zwar, die Unterstützung der Indianer zu verschleiern, und vermied deren militärische Aufrüstung, machte jedoch wertvolle »Geschenke«. Spanien lieferte den Creek beispielsweise eine »Entwicklungshilfe« im Wert von 50 000 Dollar pro Jahr, um sie als Verbündete bei der Stange zu halten.

Spanien und England bestärkten die Eingeborenen weiter darin, der Westwanderung der Siedler einen Riegel vorzuschieben.

Diese Strategie änderte sich im Jahr 1795 schlagartig. Die Briten erklärten sich plötzlich einverstanden, ihre Handelsposten aufzulösen und sich zurückzuziehen. Die Spanier räumten ihre Besitzungen nördlich des 31. Breitengrades und gestatteten den Amerikanern freien Zugang zur Mississippi-Mündung. Frankreich hatte sich schon lange zuvor endgültig und widerspruchslos aus Nordamerika verabschiedet. Die Revolution im französischen Mutterland erschütterte die damalige Welt und mischte die Karten neu. Sie brachte die Diplomatie auf Hochtouren; sie ließ alte Allianzen zerbrechen und neue entstehen. Spanien verbündete sich so mit Frankreich. Dieser Pakt führte zwangsläufig zur Konfrontation mit England und barg damit auch die Gefahr in sich, daß die USA und England Florida und die karibischen Besitzungen Spaniens unter sich aufteilen könnten.

In einem schwer durchschaubaren diplomatischen Schachzug wurde im Jahr 1800 ein Geheimvertrag zwischen den beiden verbündeten Kontinentalmächten geschlossen. Spanien trat das westlich des Mississippi gelegene einstige französische Louisiana, das ihm nach dem Vertrag von Paris von 1763 zugesprochen worden war, wieder an Frankreich ab. Eines der Ziele dieses Vertrages war sicherlich, der weiteren Expansion der ungebärdigen jungen, angelsächsisch beeinflußten Nation, den USA, einen Riegel vorzuschieben.

Inzwischen befand sich der damalige Erste Konsul der neuen Republik, Napoleon I., in finanziellen Nöten. Außerdem hatte sich sein Gegner Britannien längst als die dominierende Seemacht erwiesen. Also nutzte der nachrevolutionäre Alleinherrscher Frankreichs die erste sich bietende Gelegenheit und verkaufte 1803 das zwischen dem Pazifik und Mississippi gelegene Territorium in einer später »Lousiana Purchase« genannten Aktion für 60 Millionen Francs oder 15 Millionen Dollar an ebenjene USA.

Aus heutiger Sicht ist es beeindruckend, mit welcher Unverfrorenheit um ein riesiges Territorium - es sollte die Größe der damaligen Vereinigten Staaten verdoppeln - mit allen diplomatischen Winkelzügen geschachert wurde, ohne daß die rechtmäßigen Herren des Landes - die Indianer - auch nur mit einer Silbe erwähnt, geschweige denn gefragt wurden.

England blickte gespannt und verstört auf den alten Kontinent und auf die fortschreitende militärische und politische Expansion Frankreichs. Old Albion hatte nicht das geringste Interesse, sich an der damaligen Peripherie der bewohnten Welt in einen militärischen Konflikt verwickeln zu lassen.

Das unausweichliche Resultat dieser Konstellation erwies sich also ebenso positiv für die Vereinigten Staaten wie negativ für die Indianer: Für die ersteren war mit dieser Transaktion der entscheidende Grundstein zur späteren Weltmacht gelegt worden. Die letzteren sahen sich dem jungen, übermächtigen, aggressiven Staatsgebilde auf Gedeih und Verderb ausgeliefert. Auch wenn noch keine realistischen Vorstellungen über das durch den »Louisiana Purchase« erworbene Land und dessen Bewohner bestanden, bekamen die USA im Westen eine »Carte blanche« in die Hand. Sie glaubten, nach eigenem Gutdünken mit ihrer Neuerwerbung verfahren zu können.

*

Vorläufig mußten sich die Vereinigten Staaten mit den immer noch nicht ganz »befriedeten« Stämmen zwischen Appalachen und Mississippi herumschlagen. Die standen, inzwischen von allen Verbündeten alleingelassen, einer sowohl numerisch wie technologisch himmelhohen Übermacht gegenüber. Zwei Zahlen verdeutlichen die Verhältnisse: Im amerikanischen Osten lebten inzwischen vier Millionen Weiße als einheitlicher, militärisch-politischer Block. Zwischen Appalachen und Mississippi verloren sich nur noch 100 000 Indianer. Unter ihnen bestanden allenfalls rudimentäre politische oder militärische Bindungen.

Die Zahl der Pioniere, die während der warmen Jahreszeit Monat für Monat den Ohio hinabdrifteten, überstieg inzwischen die Gesamtbevölkerung der Shawnee. In einem einzigen Jahr kamen mehr Siedler über die Appalachen, als der seinerzeit volkreichste Stamm, die Cherokee, Köpfe zählte.

Allein in Kentucky, das 1792 vom Territorium zum Staat erhoben wurde, hatten sich bereits rund eine Viertelmillion Weiße ausgebreitet. Etwa halb so viel hausten in Tennessee, etwas weniger – rund 200 000 – sollten in der ersten Dekade des 19. Jahrhunderts in Ohio einfallen.

Die simplen demographischen Ziffern zeigen, welche Entscheidung längst herbeigeführt worden war. Auch wenn die Politiker später von einem gottgewollten Geschick, von höherer Kulturstufe, von den republikanischen Tugenden, dem Pioniergeist der Amerikaner und ähnlichem tönen sollten – es war die schiere Zahl der Weißen, die die Indianer an die Wand drückte, die ihre Lage militärisch aussichtslos machte.

*

Boonesboro: Diese befestigte Siedlung widerstand allen Angriffen der Indianer

Der inzwischen 30jährige Tecumseh ahnte gewisse Zusammenhänge, doch klar verstanden hatte er sie wahrscheinlich nicht. Sonst hätte er anders taktiert, wahrscheinlich resigniert. Vorerst ging es ihm darum, den übrigen Häuptlingen die Illusion des so eloquent versprochenen ewigwährenden Friedens, »solange das Gras wächst und die Flüsse fließen«, zu nehmen. Tecumseh wußte, daß all die geschlossenen Verträge nicht einmal das Papier wert waren, auf dem sie geschrieben waren. So geschehen auch in dem Vertrag von Greenville, mit dem den Indianern wieder einmal ein beträchtliches Stück ihres Lebensraumes genommen wurde, mit dem sie einmal mehr der totalen Abhängigkeit von den Weißen ein Stück nähergerückt waren.

Tecumseh hatte den Langmessern, den Amerikanern, ewige Feindschaft geschworen. Er hielt sich an diesen Schwur. Mehr denn je gewann er die Überzeugung, daß ein sofortiger und unwiderruflicher Zusammenschluß aller Stämme, daß ihre versammelten Krieger in einer gemeinsamen Aktion die weiße Flut, wenn nicht umkehren, so doch in letzter Minute eindämmen konnten. Seine verzweifelte Hoffnung wurde trotz des Verrates von Fort Miamis genährt durch die Zusagen der Briten, ihre Stützpunkte auf amerikanischem Boden weiter zu behaupten und die Indianer, wenn auch nicht offen, so doch durch verdeckte Lieferungen von Waffen, Ausrüstung und Verpflegung weiter zu unterstützen.

Er hätte gewarnt sein müssen, als diese unsicheren Bundesgenossen zwar nur 15 Meilen von Detroit entfernt, aber auf kanadischem Boden eine neue, starke Befestigungsanlage – das Fort Malden in Amherstburg – errichteten. Diese Anlage war nichts weiter als eine Auffangstation für die ins Auge gefaßte, endgültige Absetzbewegung aus dem amerikanischen Territorium.

Selbst für einen nachdenklichen und klug abwägenden Indianer wie Tecumseh, in dem tiefverwurzelt das alte Nomadentum steckte, war eine Grenze irgendeine unwichtige, fiktive Linie, die nur den Weißen etwas bedeutete. So wie seine Vorfahren ohne Zwang einst ihre Dörfer aufgegeben und sich irgendwo anders neu angesiedelt hatten, so mochten die Briten in den Augen des Shawnee ihr Fort ohne tieferen Grund ein paar Meilen weiter nach Norden verlegen.

*

Tecumsehs Bruder Lowawluwaysica hatte sich in den letzten Jahren dem Medizinmann Change of Feathers angeschlossen. Er hatte von ihm den Gebrauch heilender Kräuter, die Bedeutung und Anwendung mystischer Gesänge und Tänze gelernt. Er hatte begonnen, für sich selbst ein umfangreiches Medizinbündel, gefüllt mit geheimnisvollen Stöckchen, Knochensplittern, getrockneten Vogelbälgen, Krähenklauen und dergleichen, zusammenzutragen.

Dem jungen Mann ging der Ruf voraus, bereits einige Kranke auf spektakuläre Weise von ihren Leiden befreit zu haben. Bezahlen ließ er sich mit Feuerwasser. Lowawluwaysica war nach unseren Begriffen längst ein hoffnungsloser Alkoholiker. Trotzdem galt als sicher, daß er eines Tages in die Fußstapfen von Change of Feathers treten würde.

Nicht nur der Alltag, die Existenzsicherung, die kurzen, negativen oder positiven »highlights« der gegenseitigen Überfälle, auch die übersinnlichen oder religiösen Sphären der Algonquins unterschieden sich grundlegend von der Welt der Weißen. Die Religionsausübung oder wie auch immer man den offenen oder verdeckten Versuch, das Geschick positiv zu beeinflussen, nennen mag, war ein integraler Teil des Alltags.

Ineinander verwoben waren für die Algonquin die Geisterwelt und die sie umgebende Natur. Ihre Welt war angefüllt mit einer unendlichen Vielfalt von Dämonen, Monstern, Zauberwesen, Wichten, Hexen - in Gestalt praktisch aller Tiere und Pflanzen. Sie hausten in Quellen, Bächen, Flüssen, Seen; sie hockten auf den Bergen und in den Tälern; sie verbargen sich in den Höhlen und Klüften. Sonne, Mond und Sterne waren Geistererscheinungen ebenso wie Wind, Sturm, Donner, Blitz, Hagel, Regen, Schnee. Wie in vielen anderen Kulturen und Religionen spielte das Feuer eine ganz besondere Rolle.

Zwar gab es eine nicht näher definierte und einem ständigen Wechsel unterworfene Rangordnung innerhalb dieser teils bedrohlichen, teils nützlichen außerirdischen Kräfte. Doch über allem stand Manitou, der Große Geist. Er half allen, die sich seine Gunst verdienten; er überzog all diejenigen mit großem Leid, die ihn durch ihre Taten ungehalten machten. Manitou untergeordnet war eine weise Großmutter, die ein großes Netz bereithielt, in das sie alle Guten und Tapferen aufnehmen und in eine Welt des Friedens und des Glücks einführen würde. Doch alle, die sich als unwürdig erwiesen hatten, sollten durch die Maschen dieses Netzes fallen, direkt hinunter in die indianische Hölle. Eine miserable Existenz, von Not und Schmerz gepeinigt, so glaubte man, sei ihr Los.

Die Menschen vermuteten, Manitou bediente sich angesehener Persönlichkeiten, wie der Häuptlinge, Krieger, Jäger, vor allem aber der Medizinmänner, um ihre Geschicke zu lenken. Umgekehrt verstanden es nach ihrer Ansicht besonders priviligierte Persönlichkeiten wie herausragende Medizinmänner oder Propheten, Manitou in ihrem Sinne zu beeinflussen.

Der Große Geist wurde symbolisiert durch die verschiedensten Tiergestalten, durch das Totem. Dieses Wort der Algonquin-Sprache bedeutet »Bruder«. Mittels dieses besonderen Totems erwiesen die Angehörigen der verschiedenen Clans dem Großen Geist ihre Reverenz und nutzten gleichzeitig das gemeinsame Zeichen zur gegenseitigen Identifikation.

Für diese Form der Religionsausübung - wir Weiße nennen sie Animismus - brauchte man keinen Schrein, keine Kirche oder Kapelle. Dementsprechend hatten die Algonquin keine »heiligen« Tipis wie die Sioux beispielsweise oder sakrale Kivas wie die Völker des Südwestens. Der einzige Wigwam mit einer gewissen rituellen Bedeutung war die sogenannte Schwitzhütte, eine Art primitive Sauna, in die sich der Erkenntnissuchende zurückzog und, mittels im Feuer erhitzter und mit Wasser übergossener Steine, in Schweiß gebadet, meditierte.

Selbst wenn wir der Sauna heutzutage keine transzendentale Funktion mehr beimessen: Auch der moderne, halbwegs sensible Mensch erfährt die wohltuenden Auswirkungen eines solchen Schwitzbades auf Geist und Körper. Nicht umsonst sagen die Finnen: Die Sauna wäscht uns rein von allen Sünden - außer der Erbsünde.

Unsichtbar, aber nicht minder bedeutungsvoll waren die Träume, die Visionen, die Trance, vor allem der bedeutenden Männer oder Frauen. Je nach ihrer Auslegung und Deutung wurden Kriegszüge unternommen oder abgeblasen, Friedensverhandlungen eingeleitet oder unterlassen, der Wechsel des ganzen Stammes von seinem bisherigen Aufenthaltsort zu einem anderen vorbereitet und durchgeführt.

Auch der Tanz hatte eine wesentlich weitergehende Symbolkraft als bei den Weißen. Selbstverständlich war er auch eine Ausdrucksform freudiger Gefühle. Tänze pflegten das Zusammengehörigkeitsgefühl. Sie spielten eine bedeutende Rolle in der Religion, der Geisterbeschwörung, in der Vorbereitung auf bestimmte Ereignisse wie Krieg und Jagd. Sie galten als besondere Reverenz gegenüber bedeutenden Besuchern.

Religion erschöpfte sich für die Indianer keineswegs ganz allgemein in der Beschwörung des göttlichen Segens für die Erde und ihre Bewohner. Vielmehr versuchte man für die Realisierung ganz konkreter, meist sehr persönlicher Wünsche sich wohlgesonnener Geister zu bedienen.

Um den Einfluß der bösen Geister abzuwehren, sie zu vertreiben oder gar zu bestrafen, bedurfte es einer Reihe komplizierter, meist zweckgebundener magischer Riten. Ebenso verhielt es sich mit dem Versuch, die guten Kräfte positiv zu stimmen oder sich diese dienstbar zu machen. Leider überstieg es das Vermögen und die Kenntnisse der meisten Normalsterblichen, sich derart intensiv mit der transzendentalen Welt auseinanderzusetzen. Er oder sie brauchte die Hilfe eines Spezialisten, eines Medizinmannes - oder in einzelnen Fällen auch einer Medizinfrau.

Neben den Häuptlingen hatten die Schamanen - ein Wort, das übrigens aus dem Sprachschatz der Tungusen Sibiriens stammt - den größten Einfluß innerhalb einer Gruppe oder eines Stammes. Sie waren die kompetenten Mittler zwischen den Sterblichen und der sowohl komplexen wie auch komplizierten Welt der Geister.

Darüber hinaus gab es unter den Schamanen nicht wenige, die ihre medizinische Intuition wirkungsvoll umsetzten, die entsprechende Kenntnisse besaßen und dabei geschickt die Heilkräfte der Natur zu nutzen verstanden – ohne bei der praktischen Anwendung auf geheimnisvolle, suggestive Zauberformeln zu verzichten.

Nach der Ansicht der Algonquin konnte man einfach nicht hinnehmen, daß Krankheit ganz natürliche Ursachen hatte, daß der Tod ein unabwendbares Ereignis ist, das jedes natürliche Wesen irgendwann ereilt. Für Krankheit oder Tod wurde immer ein böser Dämon verantwortlich gemacht. Vielleicht hatte aber auch der Betroffene ein Tabu gebrochen oder, fast genauso schlimm, er hatte Gesundheit und Leben erhaltende Rituale unterlassen oder nicht in aller gebotenen Korrektheit ausgeführt.

Natürlich wußten viele der erfahrenen Frauen, wie man Entzündungen behandelt oder Knochenbrüche schient. Sie besaßen Salben zur Heilung von Wunden und Furunkeln. Sie schickten die Kranken zu häufigen Schwitzkuren in die Schwitzhütte zur Linderung von Rheumatismus und Arthritis. Sie verfügten über wirksame Mittel gegen Magenleiden und Kopfschmerzen. Sie hatten stets einen Vorrat von Heilkräutern wie Chinin, Sassafras, Datura, Ipecac, Cascara, Hexenhasel – alles Wirkstoffe, deren sich auch heute noch die pharmazeutische Industrie bedient. Doch wenn die Hausmittel nicht mehr halfen, dann blieb nur noch der Weg zum Medizinmann oder zur Medizinfrau. Es galt Zuflucht zu suchen bei der Weißen, der guten Magie, oder es mußten Mittel gefunden werden, die böse, die Schwarze Magie in Schach zu halten.

Das Leben der Shawnee

Über Tecumsehs Verbindungen zum weiblichen Geschlecht ist wenig bekannt. Sicher übten seine Mutter bis zum Tod seines Vaters und später vor allem seine Schwester Tecumpase großen positiven Einfluß auf ihn aus. Sicherlich hatte er Freundinnen, und außerdem war er zweimal verheiratet. Seine erste Frau war eine, wie es heißt, rechthaberische, ehrgeizige, unangenehme Person. Tecumseh hatte mit ihr einen Sohn, den er nach erfolgter Trennung seiner Schwester überantwortete.

Auch über die zweite, länger dauernde Verbindung können wir allenfalls nur spekulieren. Auch sie ging in die Brüche. Für Tecumseh, so scheint es, hatte anderes den Vorrang, in seinen Augen gab es Bedeutsameres als Verhältnisse mit Frauen, als Liebe oder Ehe.

Diese Einstellung hatte Bestand, bis diese große und bemerkenswerte Indianergestalt der jungen, schönen und erstaunlich belesenen Siedlertochter Rebecca Galloway begegnete. Über die amouröse Seite dieser Beziehung zwischen einer Weißen und einem Roten können wir ebenfalls nur Mutmaßungen anstellen. Sie scheint auch nicht so bedeutsam wie ein bemerkenswerter Nebeneffekt. Rebecca war dafür verantwortlich, daß Tecumseh zu historischen Einsichten und Erkenntnissen gelangte, wie sie nur ganz wenigen Indianern seiner Epoche vorbehalten waren. Es entwickelte sich ein bemerkenswerter Dialog zwischen der kultivierten und zivilisierten jungen Frau und der in einer gänzlich anderen Welt aufgewachsenen »wilden Rothaut«.

Tecumseh erzählte Rebecca von dem Leben der Waldindianer, von den verschiedenartigen Rollen von Mann und Frau, von Häuptlingen, Kriegern, von Sitten und Gebräuchen. Die junge Frau gewann einen tiefen Einblick in eine andere, ihr fremde Welt. Der Shawnee zeichnete ein vielgestaltiges Bild der traditionellen Lebensweise seines Volkes.

Wir wissen nicht, in welchem Umfang, in welcher Form und Ausschmückung Tecumseh von dem Dasein in den Wäldern des Ostens berichtete. Wollen wir verstehen, wie Rebecca Einblick in die Denk- und Lebensweise von ihr nahewohnenden, aber fremd gebliebenen Menschen gewann, sollten wir uns folgende Zusammenhänge vor Augen halten.

Bei den Waldindianern sorgten die Frauen für die Bestellung der Mais-, Bohnen- und Kürbispflanzungen, für die Zubereitung der Mahlzeiten, die Konservierung der Nahrung und damit für eine rudimentäre, also nicht sehr ausgefuchste und effektive Vorratshaltung. Sie sammelten Wurzeln und Früchte, beteiligten sich auch am Fischfang.

In erster Linie waren es die Frauen, die die Wigwams, die kuppelförmigen, mit Birkenrinde abgedeckten Hütten, errichteten und instandhielten, die die Jagdbeute verarbeiteten, die Felle präparierten und daraus die Kleidung und Mokassins nähten. Sie hüteten und erzogen die Kinder. Wenn die Familie, der Clan oder der Stamm aufbrach, um sich woanders anzusiedeln, trugen sie die schwersten Lasten.

Merkwürdigerweise waren sie bei weitem nicht so fruchtbar wie ihre zeitgenössischen weißen Schwestern: Mehr als fünf oder sechs Kinder brachte eine Indianerin nur in Ausnahmefällen zur Welt. Die harschen Lebensbedingungen forderten unter den Neugeborenen vor allem in den ersten Monaten ihren Zoll. Neben geheimnisvollen, aber letztendlich sinnvollen Tabus, vielleicht auch bedingt durch die häufig ungesicherte Ernährungslage, hatte die Natur wenigstens in dieser Hinsicht eine drükkende Last von den Schultern der Frauen genommen und zugleich einem übermäßigen Bevölkerungsdruck vorgebeugt.

Die Indianer des Ostens, die Algonquin und unter ihnen auch die Shawnee, waren in erster Linie Fleischesser. Fisch, Feld- und Wildfrüchte ergänzten allenfalls diese Nahrung. Ein solches Dasein war lediglich möglich, wenn sich ein Stamm - ausgenommen in Kriegszeiten und zu religiösen Anlässen - aufteilte und in relativ kleinen Gruppen lebte. Es versteht sich von selbst, daß diese extensive Wirtschaftsform nur in einem sehr dünnbesiedelten Land möglich war.

Eine Stammesabteilung bestand in der Regel aus einer rund hundert Mitglieder starken, durch Blutsverwandschaft, Heirat und gemeinsame mystische Symbole zusammengewachsene Gemeinschaft. Innerhalb einer solchen Gruppe gab es selten mehr als zwölf oder fünfzehn vollwertige Jäger. Der Rest waren Frauen, Kinder, Alte, Schwache. Das bedeutete, daß ein gutes Dutzend Männer Tag für Tag hundert hungrige Mäuler stopfen mußte. Sie mußten pro Woche an die 25 Virginia-Hirsche oder drei bis vier Elche erlegen. Die übrige Jagdbeute, an deren Einbringen sich auch Frauen und Kinder beteiligten, bestand aus Karnickeln, Waschbären, Eichhörnchen, Bibern, Stachelschweinen, Mardern, Füchsen, Wölfen, Enten, Gänsen, Eulen und in Notzeiten auch Ratten und Mäusen.

Natürlich hatte die Jagd ihren eigenen Thrill. Wenn sich dann auch noch ein besonderer Erfolg einstellte, war alle Mühsal, waren für ein paar Festtage alle Strapazen vergessen. Doch der Alltag sah anders aus: Bei brütender Hitze, von Insekten gequält, mußten die Jäger oft Stunden und Aberstunden bewegungslos ausharren, bis das scheue Wild auf Schuß- oder Speerwurfweite herankam. Sie mußten im strömenden Regen, wenn die Fellkleidung wie Bleigewichte an ihnen hing, den Fährten folgen und auch im frostigen Winter, wenn die Kälte schonungslos durch die Hirschfell-Hemden und -Leggings Mark und Bein erstarren ließ, für Nahrung sorgen.

Um Erfolg zu haben, mußten die Männer nicht nur die Verhaltensweisen ihrer Beutetiere kennen, sie mußten noch ein Stück weitergehen, sich förmlich in die Tiere hineindenken, ihre Reaktionen vorausahnen. Das wiederum führte zu einem Naturverständnis und -verhältnis, wie es dem urbanen Menschen immer fremd bleiben wird.

Die Indianer betrachteten sich selbst als integralen Teil der Natur. Wenn nicht als Brüder und Schwestern, so sahen sie sich doch als nahe Verwandte ihrer Jagdbeute. Nach ihrem Verständnis lieferten sich die Tiere nur dann dem Jäger aus, wenn dieser ihnen viel Respekt entgegenbrachte und eine Reihe von Ritualen und Tabus beachtete. Nur dann gestatteten sie dem Menschen, sie zu töten und zu verzehren.

Es wundert nicht, daß der in den Wäldern des Ostens heimische starke und listenreiche Schwarzbär als Herrscher der Tierwelt galt und mit der respektvollen Anrede »Großvater« oder »Großmutter« tituliert wurde. Nur besonders priviligierten und zeremoniell ausgiebig vorbereiteten Jägern war es gestattet, Bären zu jagen. Wenn sich die Hatz als erfolgreich erwies, entschuldigte sich der Sieger in dieser Auseinandersetzung zwischen Mensch und Tier mit einer Reihe weiterer Zeremonien für seine Tat.

Auch wenn Frauen und Kinder durch das Sammeln von Beeren und Früchten, durch das Pflanzen und Ernten von Mais, Squash und Bohnen, auch durch die Kleintierjagd einen wichtigen, existenziellen Beitrag zum Gedeih der Gemeinschaft leisteten, hielten die Jäger die Schlüsselposition. Von ihnen hing aller Wohl und Wehe ab. Diese Verantwortung absorbierte die Männer vollkommen, sie formte ihre Persönlichkeit. Daraus resultiert wahrscheinlich die charakteristische Ernsthaftigkeit, das würdevolle Auftreten, die Distanz der Indianer im Umgang mit Fremden. Ganz bestimmt war die Jagd die Quelle, aus der sie ihre sprichwörtliche Geduld, ihr Durchhaltevermögen, die scheinbare Unempfindlichkeit gegen Schmerz, aus der sie auch ihr kriegerisches Geschick schöpften.

Obwohl auch die Waldindianer seit urdenklichen Zeiten als einzige Haustiere Hunde besaßen, spielten die

Indianer beim Glücksspiel

Tiere als Helfer bei der Jagd keine ausschlaggebende Rolle. Es gab Stämme, die Hunde in äußersten Notzeiten als letzte Nahrungreserve nutzten. Bei den Irokesen gab es beispielsweise bestimmte religiöse Anlässe, zu denen Hunde zeremoniell getötet und verspeist wurden. Sonst aber hatte »der beste Freund des Menschen« nur gelegentlich als Trag- oder Zugtier zu dienen. Darüber hinaus war er der Freund der Kinder und unverzichtbarer Hausgenosse.

Neben der Jagd war der Krieg die Hauptbeschäftigung der Männer. Aber die Voraussetzungen unterschieden sich vollkommen von denen des seinerzeit schon relativ dicht bevölkerten Europa. Geht man davon aus, daß zwischen Appalachen und Mississippi, dem östlichen Waldland der USA, in einem Raum von der mehrfachen Größe des heutigen Deutschland, nur schätzungsweise 125 000 Indianer lebten und von diesen lediglich 15 Prozent – also etwa 15 000 bis 20 000 Männer – vollwertige Krieger waren, so bedeutet das, daß Massen- oder auch nur stehende Heere undenkbar waren.

Auf der anderen Seite hätten die einzelnen Stämme, wiederum unterteilt in weit auseinanderlebende Gruppen und Grüppchen, ausreichend Ellenbogenfreiheit gehabt, sich gegenseitig aus dem Weg zu gehen. Doch dem gegenüber steht, wie es Siegmund Freud ausdrückte, »die Tendenz zur Aggression als ein dem Menschen angeborener, unabhängiger Instinkt«.

Unter Krieg verstanden die Indianer etwas ganz anderes als ihre weißen Antagonisten. Während die Weißen in dicht geschlossenen Truppen durch ihre schiere Zahl, ihre Bewaffnung, gepaart mit einer mehr oder weniger ausgefeilten Taktik, festgefügte Grenzen verteidigten oder veränderten und dabei die Vernichtung des Feindes anstrebten, ging es den Indianern in vielen Fällen darum, sich den Besitz des Gegners anzueignen. Dazu war ihnen jedes Mittel recht.

Das zweite, mitunter noch wichtigere Motiv der Kriegführung war das eigene Prestige. Im Gegensatz zur Kultur der Weißen konnten die Indianer ihren sozialen Status nicht durch Anhäufung von Besitz oder Macht erwerben oder vergrößern. Sie mußten sich durch Erfolg beim Überfall, durch besondere Mutproben im Angesicht des Feindes, durch Entschlossenheit und Geschick im Zweikampf Reputation schaffen beziehungsweise sie ausbauen.

Schon aufgrund der geringen Zahl von kampffähigen und -bereiten Männern, wegen der unüberbrückbaren Versorgungsprobleme einer großen Menschenansammlung, mußten die Indianer zwangsläufig eine ganz andere Taktik verfolgen. Ihre Kriegführung war aus den Erfahrungen und Erfordernissen der Jagd geboren und entwikkelt worden und mit dieser eng verwandt.

Die Krieger schlichen sich heimlich an die Hütten des gegnerischen Lagers heran. Sie versuchten dann mit schrillem Geschrei dessen Bewohner zu erschrecken und in die Flucht zu jagen. In jedem Fall nutzten sie das Überraschungsmoment. Stießen sie dabei auf entschlossene und zahlreiche Gegenwehr, brachen die Angreifer sofort die Feindseligkeiten ab und zogen sich zurück. In erster Linie galt es, eigene Verluste zu vermeiden. Denn jeder getötete Krieger bedeutete eine erhebliche Schwächung des eigenen Jagd- und damit Überlebenspotentials.

War der Angriff erfolgreich, plünderte man nach Herzenslust, mordete hie und da, verbrannte oder vandalisierte nach Kräften das fremde Eigentum, schleppte als Beute weg, was man eben noch tragen konnte.

Es wurden Gefangene gemacht: Frauen und Kinder, die man in den eigenen Stamm zu integrieren gedachte, junge Männer, die eigene Verluste ersetzen und das eigene jagdliche und kriegerische Potential vergrößern sollten. Am schlimmsten traf es die überwältigten, vollwertigen und angesehenen gegnerischen Krieger. Vae victis – wehe den Besiegten! Diesen Unglücklichen stand ein furchtbares Schicksal bevor. In langwierigen Prozeduren von ausgeklügelter Grausamkeit wurden diese bedauernswerten Kreaturen nach und nach zu Tode gebracht. Oft waren es Frauen, die sich zu unbeschreiblichen Scheußlichkeiten hinreißen ließen. Bestialität ist hier der falsche Ausdruck. Keine Bestie kann so infam sein, wie es der Mensch zu sein vermag.

So schrecklich die in einzelnen Fällen von allen Beteiligten begangenen Untaten auch sein mochten: Man verfuhr mit den Feinden ähnlich wie mit dem Wild der Wälder. Man zapfte ihnen einen gewissen Blutzoll ab, raubte ihnen ihre Habe, so wie man der Ente die Eier stiehlt. Sie würde ja noch mal legen. Man gefährdete grundsätzlich nicht die Existenz des Gegners. Im Gegensatz zu den Weißen war den Indianern durchaus bewußt, daß man eine Kuh nicht melken und gleichzeitig ihr Fleisch aufessen kann.

Die menschlichen und materiellen Verluste ärgerten und schmerzten natürlich die Betroffenen. Sie rasteten und ruhten nicht eher, bis sie es ihren Aggressoren und Quälgeistern mit gleicher Münze heimzahlen konnten. Wenn jedoch ein unmittelbarer Rachefeldzug zu risikoreich schien, versuchten sie die erlittene Schmach anderswo zu kompensieren. Worauf die vordem Unbeteiligten ihre Kräfte sammelten und ihrerseits zum opportunen Zeitpunkt das Kriegsbeil ausgruben. Das Resultat war, daß zeitweise jeder jeden befehdete.

Da nichts auf der Welt so dauerhaft ist wie ein gutnachbarlicher Haß, entwickelten sich auf diese simple Art und Weise Erbfeindschaften wie beispielsweise zwischen Irokesen und Algonquin. Ein Glück, daß die Erfordernisse der Jagd, der fast tägliche Kampf ums Überleben so viel Zeit in Anspruch nahm. Deshalb wurde der Krieg nie zu einem Dauerzustand. Kampf sättigte nur in seltenen Fällen. Es war im wesentlichen die Jagd, die die Fleischtöpfe füllte.

Wenn man sich selbst nicht stark genug fühlte, um einen Raubzug allein durchzuführen oder abzuwehren, ging man Zweckbündnisse mit anderen, in der Nähe lebenden Stämmen ein. Doch auch bei den Indianern galt die Regel, daß nichts brüchiger ist als der sogenannte ewige Friede der Völker.

Die Shawnee - wie die übrigen Waldindianer - lebten in einer urdemokratischen Gemeinschaft. Sie kannten kein Kastensystem, keine erbliche Vormachtstellung. Das Ansehen der Jäger oder Krieger wuchs mit ihrem Erfolg, minderte sich mit ihrem Mißerfolg. Trotzdem gab es herausragende und erfolgreiche Persönlichkeiten, ausschließlich Männer, die irgendwann in die Rolle des Häuptlings oder des »Sachems«, des »Weisen Mannes«, hineinwuchsen oder auch in diesen Rang gewählt wurden. Diese Männer waren fast immer große Redner. Sie vermochten zu überzeugen, fällten aber selten einsame Beschlüsse. Normalerweise suchten sie den Konsens mit anderen einflußreichen Persönlichkeiten.

Bei alledem spielte das »calumet« oder die »Friedenspfeife« eine wichtige symbolische Rolle. Die im Bereich der Großen Seen lebenden Algonquin hatten das Rauchen zu einem solchen Kult erhoben, daß sie in frühen Beschreibungen »Tabak-« oder »Pfeifenindianer« genannt wurden. Das Wort »calumet« jedoch ist nicht indianischen Ursprungs, sondern eine Verballhornung des französischen »chalumeau«. Es bedeutet »Schilfrohr« oder auch »Schilfrohrpfeife«.

Eine Pfeife war ein anerkanntes und meist auch respektiertes Verständigungs- und Friedenssymbol. Das »calumet« galt unter den Waldindianern als eine Art Parlamentärsflagge, sorgte für freies Geleit. Der in die vier Himmelsrichtungen, der himmelwärts und nach unten zum Schoße der Erde hingeblasene Rauch beschwor die dort ansässigen Geister. Er intensivierte die Bedeutung heiliger Objekte, er legte Nachdruck in spezielle Beschwörungsformeln.

Die von Mund zu Mund gehende Friedenspfeife im Kreise der Häuptlinge und der Ältesten war eine vorbereitende Form der Verständigung, aber auch der sozialen Einbindung des Fremden. Es war Ausdruck und Bekräftigung eines existenten Gemeinschaftsgefühls; ein Ausrufezeichen, das die Bedeutung feierlicher Anlässe aus der Alltäglichkeit heraushob.

Die Pfeifen selbst und die Behältnisse, in denen sie aufbewahrt wurden, waren aufwendig, kunstvoll gefertigt und geschmückt. Der Aussaat und Ernte der Tabakpflanzen wurde so große Bedeutung beigemessen, daß diese nur bestimmten, würdigen Männern übertragen wurde. Der getrocknete Tabak wurde nur selten ohne die Beimischung von Gräsern, Borke, Bast und mystisch bedeutungsvollen Blättern wie Lorbeer, Ahorn und Weiden geraucht.

Eine ähnliche Funktion hatte – wenn auch eher in den Verhandlungen der Stämme untereinander – der Wampun-Gürtel. Er bestand ursprünglich aus einem mit kleinen Muschelstücken bestickten Lederstreifen, später

Stoffbändern. Wampuns erzählten Geschichten, dienten den Überbringern als Gedächtnisstütze, übermittelten Botschaften, symbolisierten Verträge, dienten als Beistands-, Bündnis-, später auch als Zahlungsversprechen. Sie hatten die Funktion heutiger Staatsgeschenke. Sie wurden von einflußreichen wie auch vertrauenswürdigen Ältesten, oft auch von den Häuptlingen selbst als Stammeseigentum wie der sprichwörtliche Augapfel gehütet.

Die Häuptlinge waren würdige, überzeugende, mitunter sogar majestätische Herrschaften. Diktatoren oder gar Tyrannen hatten unter den Shawnee und den übrigen Algonquin keine Chance.

So konnte es durchaus geschehen, daß bei einem geplanten Raubzug oder Überfall ein stärkerer, erfahrenerer oder mutigerer Krieger die Führungsrolle übernahm. Oder daß bei einer gemeinsamen Jagd der geschicktere Jäger die entsprechenden Tips und Anweisungen gab. Der Häuptling mußte nicht auf allen Gebieten dominieren, aber eine gewisse Kompetenz in allen relevanten Sachgebieten mußte er nachweisen. Reine Theoretiker waren wenig gefragt.

Bei diesen Betrachtungen dürfen wir als Weiße nicht den Fehler machen und unser heutiges Daseins-, Wissens- und Erfahrungsniveau auf die Lebensform der Waldindianer übertragen. Eins steht fest: Es war eine Existenz, die die allermeisten von uns überfordert hätte, der wir physisch wie auch psychisch nicht mehr gewachsen wären. Es war eine Existenz, die wir und unsere Zeitgenossen auf Dauer nicht durchhalten könnten.

Im eklatanten Gegensatz zu uns Weißen, die wir angeblich die Frucht vom Baum der Erkenntnis gepflückt haben, sahen sich die Waldindianer als integraler Teil der

Natur und ihrer Zyklen. Sie genossen die von ihr vermittelten Geschenke und ertrugen die von ihr auferlegte Mühsal. Sie nahmen sich, was sie brauchten, doch das Gleichgewicht der Kräfte veränderten sie nicht. Umgekehrt sorgte die Natur dafür, daß der Bevölkerungsdruck nicht überhandnahm, daß die auch den Indianern innewohnenden zerstörerischen Kräfte keine Katastrophe auslösten.

Ebenso wie ihre Nachbarstämme lebten die Shawnee zu Tecumsehs Zeiten Ende des 18. Jahrhunderts nicht mehr wie in einer romantischen Idylle, mit ihrer Umwelt im harmonischen Einklang stehende, unabhängige Naturkinder. Inzwischen waren die indianischen Lebensformen längst von den zivilisatorischen Errungenschaften, von der Technik und Kultur der Weißen direkt und indirekt beeinflußt. Haushaltsgeräte aus Metall, Stoffe, Waffen, Whisky waren nicht nur bis zu ihnen, sie waren bis zu den letzten, in den tiefsten Wäldern hausenden Stämmen vorgedrungen. Bezahlt wurden sie mit Tierfellen. Das Fell des Virginia-Hirsches war zur allgemeingültigen, einfachen Währungseinheit geworden: »One buck«, ein Bock, hatte den Gegenwert von einem Dollar. Auch heute noch spricht man in der amerikanischen Umgangssprache nicht vom Dollar, sondern vom »buck«.

Tecumsehs Beziehung zu Rebecca Galloway

Die ebenso hübsche wie kluge Siedlerstochter Rebecca Galloway verschaffte dem interessiert zuhörenden Tecumseh einen tiefen Einblick in eine ihm unbekannte historische Welt. Sie erzählte von den großen Heerführern und Helden der klassischen Periode, von den markanten Persönlichkeiten des Mittelalters. Vor allem machte sie den Indianer mit dem bisherigen Ablauf der amerikanischen Geschichte vertraut. Die Situation, mit der sich Tecumseh und die übrigen Indianer auseinanderzusetzen hatten, waren letztendlich die Resultate historischer Ereignisse und der sich daraus ergebenden Entwicklungen.

Inwieweit die schöne Mentorin des Indianers alle geschichtlichen Zusammenhänge und Interaktionen mit allen bedeutsamen Details erfaßt hatte, ist heute nicht mehr nachzuvollziehen. Uns dagegen verdeutlicht die moderne Geschichtsschreibung die Entwicklungen, die zum Umbruch der Verhältnisse, zur prekären Situation der Indianer und auf der anderen Seite zur Dominanz der Weißen führten.

Das Zeitalter der Entdeckungen im Europa des beginnenden 16. Jahrhunderts hatte ungeheure Energien freigesetzt. Die Segelschiffahrt nutzte bei der von Columbus erstmals erfolgreich befahrenen Atlantik-Passage die im Uhrzeigersinn umlaufenden Luftströmungen: Der zuverlässige Nordostpassat schob die vor dem Winde segelnden Karavellen über die Stützpunkte Kanaren, Madeira oder die Azoren auf der südlichen Route zu den Karibischen Inseln; die im Nordatlantik vorherrschenden Westwinde sorgten für die oft stürmische Rückkehr.

Das 15., 16. und 17. Jahrhundert waren eine äußerst expansiv-aggressive Phase in der Geschichte der europäischen Großmächte Frankreich, Spanien, Portugal, zu denen sich später auch England gesellen sollte. Auch das kleine, handelstüchtige Holland und – in einem letzten Aufwallen der alten Wikinger-Tradition – sogar die Schweden versuchten, sich eine Scheibe vom großen Kuchen jenseits des Atlantik abzuschneiden.

Gleichzeitig befanden sich die Indianer des unendlichen Waldlandes im Osten der heutigen USA nach dem Verfall der Hopewell- und Adena-Kulturen in einer Talsohle der zivilisatorischen Entwicklung.

Über die ersten Kontakte zwischen Shawnee und Bleichgesichtern hatte Tecumseh von den Alten und Weisen so gut wie nichts erfahren. In welchem Maße die bärtigen Eindringlinge die weiteren Wanderungen der Shawnee direkt oder indirekt beeinflußt hatten, kann allenfalls spekuliert werden. Soweit sich Tecumseh an die Erzählungen der Alten und Weisen unter den Shawnee zurückerinnern konnte, die wiederum die Überlieferungen ihrer Vorfahren bewahrten und weitergaben, hatten die seit eh und je als unruhige Geister bekannten Shawnee viel weiter im Süden, im heutigen Georgia, entlang des nach ihnen benannten Suwanee River gelebt.

War es das sprichwörtliche Jucken in den Füßen der ewigen Nomaden oder war es der durch den Einfall der Spanier und später der Engländer entstandene Dominoeffekt, der erst die Küstenstämme nach Westen ausweichen ließ und dann auch indirekt die weiter im Hinterland lebenden Eingeborenen in Bewegung brachte? Tecumseh und Rebecca konnten, genau wie wir heute, in dieser

Hinsicht nur spekulieren. Direkt oder indirekt betroffen waren die Shawnee in jedem Fall, genau wie alle übrigen Eingeborenen der Neuen Welt.

Tecumseh war auf die »weiße« Geschichtsschreibung angewiesen, so wie sie ihm Rebecca vermittelte. Den Alten und Weisen der Shawnee war immer nur ein kleiner Ausschnitt aus dem großen Geschehen geläufig. Sie konnten auf keine geschriebenen Aufzeichnungen zurückgreifen. Die großen weltgeschichtlichen Zusammenhänge mußten ihnen zwangsläufig verborgen bleiben. Dabei hatte alles bereits rund 300 Jahre zuvor seinen Anfang genommen.

Im Kielwasser von Christoph Columbus und der ersten Entdecker war der Spanier Ponce de Leon im Jahr 1513 an der Küste von Florida gelandet und hatte nach einem geheimnisvollen, ewige Jugend versprechenden Brunnen gesucht. Die Suche war genauso vergeblich wie die vom eroberten Mexiko ausgehende Ausschau der Spanier nach den sogenannten Sieben Goldenen Städten im Südwesten der heutigen USA.

Ein paar Jahre später segelten Pedro de Quexo und Francisco Gordillio von Florida kommend an den Küsten der heutigen Bundesstaaten Georgia, South und North Carolina entlang. Die Spanier lockten eine Anzahl Indianer an Bord und entführten sie in der Absicht, die lebende Fracht auf den Sklavenmärkten der Karibik gewinnbringend zu verkaufen. Doch eine ihrer Karavellen kenterte, und der größte Teil der menschlichen Beute und ihrer Kidnapper ertranken. De Quexo kam davon. Er versuchte, sein Piratenstück zu wiederholen, und entdeckte dabei die Chesapeake Bay. Auf ihren marschigen Inseln und Küsten sollte später der erste, für die Eroberung des entdeckten Kontinents entscheidende Brückenkopf der Briten entstehen.

Vorerst dominierten die Spanier. Sie kannten inzwischen die ostamerikanische Küste bis hinauf nach Kanada.

1526 unternahmen sie den ersten Siedlungsversuch. Er mißlang ebenso wie die Militärexpedition des Panfilo de Navarez, der mit 400 Mann an der Westküste Floridas landete. Die letzten und einzigen vier Überlebenden tauchten nach achtjähriger Wanderschaft in dem seinerzeit bereits von den Spaniern beherrschten Mexiko wieder auf.

Zehn Jahre nach dem Fehlschlag des de Navarez erreichte der Bretone Jacques Cartier weiter im Norden auf der Suche nach einem Seeweg zu den Schätzen Cipangus und Cathays das heutige kanadische Montreal und kehrte mit einer Ladung wertlosen Eisenpyrits statt des erhofften Goldes nach St. Malo zurück.

Die Franzosen versuchten, an der strategisch günstigen Stelle, die die Indianer Quebec nannten, Fuß zu fassen. Dieser Versuch mißlang ebenso wie die Expedition des Spaniers Hernando de Sotos, der auf der Suche eines mysteriösen Dorado jahrelang vergeblich im Südosten der heutigen USA herumzog, bis die traurigen Überreste seiner mehr und mehr zusammenschmelzenden Truppe sich nach Mexiko durchschlagen konnten.

1559 war Tristan de Luna y Arellano an der Reihe und landete mit 1500 Soldaten und Siedlern in der Nähe des heutigen Pensacola in Florida. Ein großer Teil der Kolonisten in spe fiel einem Hurrikan zum Opfer, der Rest gab nach zwei Jahren demoralisiert auf.

Drei Jahre später suchten exilierte französische Hugenotten im nördlichen Florida Schutz vor religiöser Verfolgung. Sie hatten ebensowenig Glück wie ihre Vorgänger.

Auch ihr zweiter Siedlungsversuch mißlang: Die katholischen Spanier, die mit zwei eigenen Siedlungen die

Franzosen in die Zange nahmen, massakrierten die »Ketzer« und wandten sich dem Landesinneren zu. Da die Suche nach dem Gold, dem »Dorado«, Jahre zuvor vergeblich gewesen war, setzten die Spanier alles daran, wenigstens Silber zu finden. Also marschierte Capitan Juan Prado im Auftrag von Menendez de Aviles jahrelang waffenklirrend durch den Südosten, errichtete Stützpunkte, geriet mit einigen Indianerstämmen aneinander, verbündete sich mit anderen. Wo er überall herumtrampte, ist heute nur noch zum Teil nachvollziehbar. Jedenfalls querte er die Great Smoky Mountains. Dann verstellten ihm Muskogee-Indianer den Weg. Es war die größte Gruppe der späteren mächtigen Creek-Konföderation, die sich – um der Bedrohung durch die Shawnee entgegenzuwirken – mit anderen Stämmen zusammenschließen sollten. Ob Prado direkt oder indirekt mit Tecumsehs Vorfahren in Kontakt kam, ob dieser Algonquin-Stamm überhaupt zu diesem Zeitpunkt in von Spaniern frequentierten Regionen hauste, liegt im Dunkel der Geschichte verborgen. Jedenfalls errichtete Prado eine Kette von bemannten Stützpunkten. Sie reichte vom Südosten des heutigen Tennessee bis an die Küste South Carolinas.

Der Vorstoß Prados war der erste groß angelegte, wenn auch vergebliche Versuch, die Eingeborenenstämme im Südosten Nordamerikas unter Kontrolle zu bekommen. Doch auf Dauer konnten die Spanier ihre Stützpunkte im Landesinneren nicht halten.

An der Küste war die Lage günstiger. Die Siedlungen St. Elena und St. Augustine im nördlichen Florida konnten sich trotz mancher Rückschläge und Indianer-Überfälle behaupten. In der Chesapeake Bay richteten die Jesuiten unter Juan Bautista de Segura eine Missionsstation ein. Doch die Rothäute wollten lieber ihr altgewohntes, frohes Heidentum weiterleben und töteten die Streiter des für sie unverständlichen fremden Gottes.

Auch wenn die ersten Kolonisationsversuche der Franzosen im heutigen Kanada ebenso gescheitert waren wie die Suche nach den Goldschätzen des geheimnisvollen Königreiches Saguenay oder die Anstrengungen, einen Seeweg zu den Reichtümern und Spezereien des Fernen Ostens zu finden, so war zumindest ein intensiver Pelzhandel in Gang gekommen. Die Bestände in den küstennahen Regionen waren bald dezimiert. Die Felle mußten weit aus dem noch unbekannten Hinterland herbeigeschafft werden.

Umgekehrt wanderten die Handelswaren der Weißen von Stamm zu Stamm. Sie fanden ihren Weg zu Menschen, die noch nie ein leibhaftiges Bleichgesicht zu Gesicht bekommen hatten und auf Generationen vor diesem für sie zweifelhaften Vergnügen verschont bleiben sollten. Die Metallwerkzeuge und -waffen ersetzten die steinzeitlichen Gerätschaften der Rothäute und leiteten tiefgreifende kulturelle und machtpolitische Umwälzungen ein.

Als der Kuchen schon zwischen Spanien und Frankreich aufgeteilt schien, tauchten die Engländer an den Küsten der Neuen Welt auf. Sir Humphrey Gilbert nahm 1583 für seine Königin Elizabeth I. das kanadische Neufundland in Besitz. Hier ging es lediglich um den Seefischfang. Da nur saisonale Siedlungen angelegt wurden, kümmerten sich die konkurrierenden kontinentalen Großmächte wenig darum.

Zwei Jahre später errichteten die Briten viel weiter südlich auf einer Insel vor der Küste Carolinas das Fort Roanoke. Es sollte als Basis dienen, die spanische Silberflotte abzufangen. Doch dem vor Cartagena und Santo Domingo in der Karibik siegreichen Seeheld und -räuber Sir Francis Drake blieb keine andere Wahl, als bereits im folgenden Jahr die kranken Überlebenden an Bord zu nehmen und nach England zurückzubringen.

Kurz nach der Wende zum 17. Jahrhundert schien es endlich den Franzosen gelungen zu sein, sich in Kanada – diesmal vor der Küste des heutigen New Brunswick – festzusetzen. Der strenge Winter raffte die Hälfte der Kolonisten dahin, doch sie gaben nicht auf. Sie beschlossen lediglich, ihre Siedlung an einen günstigeren Ort zu verlegen. Samuel de Champlain erkundete zu diesem Zweck die Küste der heutigen Neuengland-Staaten, entschied sich dann aber – kein Mensch weiß, warum – erst für das Annapolis Valley im heutigen Nova Scotia. Später siedelte er dann endgültig nach Quebec um.

Auch die Engländer etablierten sich. Ihre Siedler konnten sich nach blutigen Auseinandersetzungen mit dem Stammesführer »König« Powhatans und den Spaniern in Tsenacomoco – oder Virginia, wie sie es nannten – halten, bis ein spanisches Orlogschiff auftauchte und sie gefangennahm.

Die Engländer kehrten bald wieder an den Ort ihrer Vertreibung zurück. 1606 unterzeichnete James I. »King's Council of Virginia«, einen Charterbrief für die »merchant adventurers«, und involvierte die Krone in das Kolonisationsprojekt an der Chesapeake Bay.

Zu dieser Zeit lebten zwischen 15 000 und 20 000 Algonquin sprechende Indianer im Küstenbereich Tsenacomocos. Sie waren im wesentlichen seßhafte Leute, die Ackerbau betrieben und Squash, Bohnen, Mais und Tabak anbauten.

Die Kolonisten hofften, entweder in einer paternalistischen Elitefunktion unter diesen Menschen zu leben und durch einen profitablen Handel möglichst hohe Gewinne einzuheimsen – oder sie als Sklaven direkt für sich schuften zu lassen.

Das Wort »Kolonisation« ist immer noch positiv besetzt. Doch es bedeutete auch in diesem Fall, daß die überkommenen Kulturen durch eine andere, fremde abgelöst wurde. In der unabänderlichen Konsequenz bedeutete es dic Vernichtung der Lebensweise der Indianer.

So war es auch in Virginia: Die störrischen Rothäute wollten nicht für die Weißen arbeiten, und zu handeln gab es ohnehin kaum etwas. Im Gegensatz zu den Franzosen und teilweise auch den Spaniern gab es kaum einen englischen Siedler, der auch nur den Versuch einer friedlichen Koexistenz unternahm. Es entstanden keine verwandtschaftlichen Bindungen durch Heirat. Die einzige Ausnahme, die die Regel bestätigte, war die Vermählung der »Königstochter« Pocahontas mit dem wohlhabenden Siedler Rolfe. Die Indianerin besuchte sogar England, wo sie – sehr jung noch – 1617 starb. Die Walt Disney Corporation hat sich des Themas bemächtigt und eine entsetzliche Schnulze daraus fabriziert, die mit der Wirklichkeit soviel zu tun hat, wie der Förster vom Silberwald mit einem das Baumsterben bekämpfenden Ökologen.

Die Briten waren als Eroberer gekommen. Doch es wurde ihnen nicht leicht gemacht. Einer von ihnen stöhnte angesichts der sich unendlich dehnenden Wälder: »Wie viele Bäume gefällt werden müssen, wieviel Schwielen unsere Hände haben werden, um auch nur einen einzigen Acker nutzen zu können.«

Was machten also die Eindringlinge? Sie griffen sich erstmal das bereits von den Indianern gerodete Land. Die unausweichliche Folge war ein blutiger, dreißigjähri-

Indianer-Überfall auf eine Siedlung an der Ostküste

ger Krieg mit den Küstenstämmen unter Pocahontas' Vater Powhatan.

Die Eingeborenen mußten das Feld räumen. Das »rote« Tsenacomoco wurde das »weiße« Virginia. Nach Osten konnten die Überlebenden nicht ausweichen, da war der Atlantik. Aber auch die in ihrem Rücken, im Westen, ansässigen Stämme waren ihnen nicht unbedingt wohlgesonnen und keinesfalls bereit, ihre Jagdgründe und Maisfelder mit den Vertriebenen zu teilen. Eine Folge war die weitere Dezimierung der alteingesessenen Küstenbevölkerung, oft ihre vollständige Vernichtung, eine andere ein weitreichender Dominoeffekt, eine Verschiebung der Lebensräume der nicht direkt betroffenen Stämme nach Westen. Vielleicht hat die Landnahme der Weißen die Ruhelosigkeit der Shawnee initiiert. Zumindest hat sie ihre Wanderungen beeinflußt.

Im Jahr 1620 waren die frommen »Pilgerväter« mit der »Mayflower« an der Küste des heutigen Massachussetts an Land gegangen. Die genau 101 »Pilgrims« sahen sich als Auserwählte, denen alles andere weichen mußte. In einer alten Schrift heißt es: »Christus schuf den Platz für sein Volk und brach den Mut der barbarischen Indianer.«

Die wichtigsten Gruppierungen der Eingeborenen in diesem Bereich waren die der Algonquin-Sprachgruppe angehörigen Pawtucket, die Massachussett, die Pokanoket, auch Wampanoag genannt, die Narraganset auf Rhode Island und weiter im Landesinneren die mit den Mohikanern verbundenen Pequot. Sie waren volkreiche Stämme, die vom südlichen Maine bis hinunter nach Cape Cod siedelten.

Zum Zeitpunkt der Landung der Pilgerväter waren von einstmals 70 000 bis 140 000 Menschen – »dank der Vorsehung« – nur noch 20 000 übriggeblieben. Nicht die Waffen der weißen Eindringlinge, sondern in erster Linie die von letzteren eingeschleppten Krankheiten, vor allem die Pocken, hatten die Rothäute mehr als nur dezimiert. Sie waren demoralisiert, verarmt, wehrlos geworden. Die Machtverhältnisse hatten sich verschoben: Die von der Krankheit nicht betroffenen Pequot und Narraganset rückten in eine zuvor unbekannte Vormachtstellung.

Ungeschoren kamen auch die Weißen nicht davon. Nur die Hälfte der »Pilgrims« überlebte den ersten Winter. Wäre nicht Sequanto, ein Angehöriger des kleinen Stammes der Patuxet gewesen, wer weiß, wie es ausgegangen wäre. Sequanto »wies uns an, wie und wo wir den Mais pflanzen mußten, wo wir fischen konnten, wo das Wild seine Einstände hatte. Er führte uns zu unbekannten und profitablen Orten. Er verließ uns bis zu seinem Tode nicht mehr«. So berichtet die Chronik in einem seltenen Beispiel von Anerkennung und Dankbarkeit einem Indianer gegenüber. Sequanto war Jahre zuvor gekidnappt worden, hatte die ungewohnten Verhältnisse in England überlebt und war noch vor der Abreise der Pilgerväter in die alte Heimat zurückgebracht worden.

Aber nicht nur die Weißen benutzten die Rothäute, umgekehrt verbündete sich Häuptling Massasoit und die überlebenden Pocanocet mit den Bleichgesichtern, um ihre alten Widersacher, die Narraganset, zu bekämpfen. Auch unter den Indianern war nichts so dauerhaft wie eine gute, altüberkommene Feindschaft. Dieses Verhalten führte zu einer weiteren Schwächung der Eingeborenen.

Ebenso wie die Virginier betrieben auch die »Pilgrims« strikte Rassentrennung. Die Briten setzten alles daran, die Schranken zwischen den Kulturen aufrechtzuerhalten. Die Eingeborenen waren für sie Teil der »howling wilderness«, der »heulenden Wildnis«. Wie anderswo war Religion der Vorwand, Geld und Macht das eigentliche Motiv: Die frommen Pilger betrieben die Einrichtung von Reservaten. Sie versuchten, aus den »Heiden« sogenannte »praying Indians« zu machen - bekehrte Indianer oder Christen zweiter Klasse, die man nach Kräften ausbeuten konnte.

*

Eine andere Politik betrieben die Holländer, die 200 Meilen weiter westlich gelandet waren. Ihre Anstrengungen, sich in Nordamerika zu etablieren, sind zwar kein entscheidendes Kapitel der nordamerikanischen Geschichte, trotzdem aber recht bemerkenswert.

Es begann damit, daß der im Auftrag der holländischen Ostindien-Kompanie operierende englische Seefahrer Henry Hudson 1609 auf der Suche nach einem Durchschlupf durch die Barriere des neu entdeckten Kontinents den nach ihm benannten Fluß hinaufsegelte, bis ihm die Stromschnellen bei dem heutigen Albany energisch Halt geboten.

Hudson hatte zwar sein Ziel verfehlt, einen kürzeren Seeweg als um das Kap der Guten Hoffnung herum zu den Schätzen des hinteren Orients zu finden, aber mit seinen optimistischen Berichten das Interesse seiner Auftraggeber geweckt.

Die Niederlande waren zu Beginn des 17. Jahrhunderts ein liberales, wohlhabendes Land. Die Ambitionen seiner Einwohner waren weniger auf Krieg als auf Handel ausgerichtet. Es entsprach dem Zug der Zeit, daß auch die Amsterdamer Pfeffersäcke ihren Profit aus der Entdeckung des Kontinents jenseits des Atlantik ziehen wollten, dessen Größe und Bedeutung niemand wirklich kannte. Sie schickten weitere Schiffe auf Kundfahrt und kamen überein, eine Handelsstation einzurichten. Die »Burgerlijke« hegten keinesfalls die Absicht, das Land zu erobern und dann zu besiedeln. Ihr Ziel war, während der »Handelstijd« – in der Zeit zwischen dem 1. Mai und 1. November – soviel Profit wie möglich zu erwirtschaften und dann in die Heimat zurückzukehren. Aber sie wußten aus Erfahrung, daß ein solches Unterfangen ohne die Substanz einer kleinen, ständig bewohnten und prosperierenden Kolonie nicht möglich war.

Dreißig Familien unter Cornelius Jakob May wagten 1624 den Sprung über das weite Meer. Sie erschienen auf der Manhattan-Insel und handelten sie für ein Fäßchen Rum, ein paar Beile und Messer im Gegenwert von 60 Gulden den Indianern ab. Sie etablierten sich auch auf Staten Island, auf Long Island, also im heutigen Großraum New York.

Eine weitere, »Fort Oranje« genannte Niederlassung, lag bereits tief im Hinterland. Sie lag an den vom inzwischen verschollenen Henry Hudson entdeckten Stromschnellen. Was die Holländer nicht wissen konnten: Sie stachen mitten in ein böses Wespennest. Das heutige Albany war der neuralgische Punkt, wo sich die Interessen der Irokesen, Mohikaner, Delaware wie auch einzelner Shawnee-Gruppen überschnitten und wo diese Stämme in mehr oder weniger regelmäßigen Abständen ihre blutigen Fehden austrugen.

Die ansässigen Algonquin-Stämme der Mohikaner und Delaware wurden die ersten Handelspartner der Holländer. Den Eingeborenen ging es jedoch nicht nur um einen florierenden Handel: Statt auf die Hilfe der kriegstüchtigen Shawnee zu setzen, gedachten sie die bärtigen Bleichgesichter als Verbündete zu gewinnen und deren Schrecken, Tod und Verdammnis speiende Feuerrohre gegen ihre Feinde ins Feld zu führen. Sie überredeten den Kommandanten Kriekebeeck von Fort Oranje, mit einem halben Dutzend Soldaten einen Vorstoß in die Jagdgründe ihrer Widersacher, der irokesischen Mohawk, zu unternehmen. Mit denen war schon damals nicht gut Kirschen essen. Die Irokesen zeigten sich zwar von den Blitz und Donner speienden Musketen beeindruckt, doch sie merkten schnell, wie umständlich und wenig treffsicher im Vergleich zu Pfeil und Bogen die Feuerrohre der Bleichgesichter gehandhabt wurden. Sie erholten sich rasch von dem ersten Schrecken, schlugen zurück und töteten Kriekebeeck und drei seiner Soldaten.

Die Holländer waren zu wenige, und sie dachten zu pragmatisch, um ihren Rachegelüsten freien Lauf zu lassen. Für sie zählte letztlich nur das liebliche Klingeln der Gulden in den Kästen und Truhen.

Der einträgliche Handel mit kostbarem Pelzwerk blühte. Auf der anderen Seite gingen den Rothäuten die Augen förmlich über angesichts der nützlichen und schönen Dinge, die die Weißen gegen ihre Felle eintauschten: Äxte, Beile, Messer, Töpfe, Stoffe, Tand und Glitter. Die Bleichgesichter gaben sogar die gefürchteten und beeindruckenden Feuerrohre einschließlich Pulver und Blei aus der Hand, wenn die Bezahlung stimmte.

Da die Händler die eingeborenen Jäger und Fallensteller mit sehr effektiven, eisernen Fallen versorgten, waren die küstennahen Pelztierbestände rasch ausgeräumt. Da half auch nicht viel, daß die Rothäute quasi das letzte Fell von ihrem Hintern weg verkauften und sich angewöhnten, in den Kleidern der Weißen herumzulaufen. Es mußten neue Ressourcen im Hinterland erschlossen werden.

Die Mohawk und die übrigen Irokesen saßen inzwischen näher an den Einständen der verbliebenen pelztragenden Tierwelt – also vergaßen die »Handelaars« rasch die ihnen angetane Schmach. Als dann auch noch die Mohawk ihre mohikanischen Konkurrenten entscheidend schlugen und die Machtverhältnisse in ihrem Sinne veränderten, setzten die Holländer prompt auf die Zusammenarbeit mit den »Langhausleuten«, wie die Irokesen sich selbst nannten.

Im heutigen Kanada setzten die Franzosen ebenfalls auf den Pelzhandel, hielten es aber mit den weiter im Westen lebenden Stämmen. Nördlich des Einflußgebiets der Holländer drang Samuel de Champlain bis in den Bereich der Großen Seen und zu den Huronen vor. Dieser bedeutende, Ackerbau betreibende Stamm hielt inzwischen eine wichtige Position als Pelz-Zwischenhändler mit den weiter im Westen und Norden hausenden Cree und Ojibwa. Der Konflikt mit den südöstlich von ihnen lebenden kriegerischen Irokesen, die das lukrative Pelzhandelsmonopol für sich beanspruchten, war vorprogrammiert.

Im fernen Europa erklärte der mächtige und einflußreiche Kardinal Richelieu in aller gebotenen christlichen Demut und Bescheidenheit ganz Nordamerika von Florida bis zum noch unbekannten hohen Norden als Domäne der französischen Krone und handelte sich prompt wütende Proteste der Spanier und Engländer ein.

Die Briten beließen es nicht bei der Diplomatie: Sie schickten 1629 Lewis Kirke mit ein paar Fregatten in den St. Lawrence River und besetzten Quebec. Damit schien das alte England den Ansprüchen des Kardinals einen Riegel vorgeschoben und die Vorherrschaft in Nordamerika an sich gerissen zu haben. Aber im fernen Europa behandelte man die Neue Welt immer noch als unbedeutende Größe im großen Spiel der Kräfte. Sie spielte allenfalls als Nebenkriegsschauplatz eine Rolle. Lewis Kirke hatte außerdem übersehen, daß sein erfolgreicher Handstreich in einer der seltenen Friedensepochen zwischen Frankreich und England stattgefunden hatte – mit der Folge, daß Charles I. von England zähneknirschend die sicher geglaubte Beute wieder aus seinen Klauen entlassen mußte.

In ihrem Zwang, für die so geschätzten Waren der Weißen Gegenleistungen in Form von Pelzen erbringen zu müssen, plünderten die Irokesen die eigenen Jagdgründe. Sie wurden ein frühes Opfer des Konsumterrors. Als dann die Haudenosaunee oder Langhausleute erst einmal merkten, daß die Pelze des Nordens, da von besserer Qualität, höhere Preise erzielten als die eigenen, dehnten sie ihre Überfälle immer weiter in das heutige Kanada aus. Die Raids führten zwangsläufig zum Konflikt mit den Franzosen und deren Verbündeten, den Huronen, die das Pelzhandelsmonopol ebenfalls für sich beanspruchten.

Die Verantwortlichen in Neu-Frankreich machten bei alledem einen gravierenden Fehler. Sie hielten ihren eingeborenen Bundesgenossen und Handelspartnern die begehrten Feuerwaffen vor, während die Holländer und Engländer die Irokesen mit Musketen, Pulver und Blei aufrüsteten. Diese Strategie stärkte die ohnehin bereits besser organisierten und kriegerisch überlegenen Langhausleute. Was sie nicht freiwillig bekamen, holten sie sich mit Waffengewalt.

Die europäischen Eindringlinge hatten in ihrer Profitgier in der Welt der Eingeborenen nicht nur neue Begehrlichkeiten provoziert, sie hatten auch das Gleichgewicht der Kräfte empfindlich gestört. Die Folge waren vermehrter Mord und Totschlag, waren Fehden von einem bis dahin unbekannten Ausmaß der Indianer untereinander wie auch der Indianer gegen die Weißen. Es war der Beginn eines schrecklichen Blutvergießens, dessen erstes Opfer die Huronen wurden.

Den Holländern gelang es vorerst, sich aus den Konflikten herauszuhalten: Es spricht für die damals keineswegs weit verbreitete Humanität und Liberalität dieser Calvinisten, daß sie Père Jongues und Père Le Moyne, zwei übereifrige Jesuiten, die den Irokesen in die Hände gefallen waren, durch beträchtliche Lösegeldzahlungen an ihre Geschäftspartner vor dem sicheren und grausamen Tod am Marterpfahl retteten.

Richtig froh sollten die »Handelaars« ihres Lebens am Noordt nicht werden: Die Mohawk erwiesen sich auf Dauer als unzuverlässige wie auch aufsässige, als raub- und mordlustige Handelspartner, die schon mal kräftig in die fütternde Hand hineinbissen. Zudem gab es die Konkurrenz der weißen Brudervölker - der Engländer, der Franzosen und neuerdings auch der Schweden -, die mit Hilfe »ihrer« Indianer ihr Schäfchen ins trockene zu bringen gedachten.

Selbst die liberalen Holländer konnten der Versuchung nicht widerstehen, wie ihr Kommandant Willem van Krieft es ausdrückte, »den Wilden einmal kräftig übers Maul zu fahren«. Seine Soldaten überfielen die im Umkreis von Nieuw Amsterdam verbliebenen Rothäute und töteten hundert Männer, Frauen und Kinder.

Die aufgebrachten Roten schlugen zurück. Sie äscherten die außerhalb der Wehranlagen liegenden Siedlungen ein und brachten alle Weißen um, derer sie habhaft werden konnten.

Letztendlich retteten die zuvor vor dem harschen Diktat der Puritaner in die Nähe von Nieuw Amsterdam geflüchteten Briten unter Captain Underhill gemeinsam mit einer Handvoll holländischer Soldaten die Kolonie. Sie drangen in das entferntere Umland vor, »um das Unkraut mit der Wurzel auszureißen«, verbrannten eine Reihe von Indianerdörfern und massakrierten ihre Bewohner, soweit diese sich nicht rechtzeitig in Sicherheit gebracht hatten.

Während im Bereich der Großen Seen die Seneca, »die Hüter der westlichen Tür der Irokesen-Konföderation«, mit blutigen Überfällen die konkurrierenden Huronen und auch die französischen Siedler zu drangsalieren begannen, regte sich in den Jahren 1637/38 bei den Pequot, Narraganset und Wampanoag in den Neuengland-Staaten der Widerstand gegen die rücksichtslose Landnahme der Briten. Es wurde viel palavert und der Versuch unternommen, eine große Allianz der Küstenvölker auf die Beine zu bringen.

Im entscheidenden Augenblick versagte jedoch die Kooperationsbereitschaft. Obwohl Häuptling Sassacus 3 000 Krieger unter seiner Führung versammeln konnte, gelang es ihm lediglich, ein paar Dutzend Weiße zu töten und ihre Häuser zu verbrennen. Die Siedler griffen ihrerseits zu den Waffen, engagierten ein paar Hundertschaften Indianer anderer Stämme als Hilfstruppen. Zu ihnen zählte Uncas, der Häuptling der Mohikaner, mit seinem nach verlustreichen Kämpfen mit den Irokesen übriggebliebenen Häuflein wehrwilliger Krieger.

Für Tecumsehs Mentorin Rebecca Galloway war Uncas – genau wie in James Fenimore Coopers Erzählung »Der letzte Mohikaner« – der Held, der sich als verläßlicher Verbündeter voll auf die Seite der Weißen geschlagen hatte. Für Tecumseh dürfte er nichts anderes als ein übler, opportunistischer Verräter der gemeinsamen indianischen Sache gewesen sein.

Die Weißen besaßen die besseren Waffen, sie waren effektiver und disziplinierter in ihrer Kriegführung. In puncto Grausamkeit standen sie den »Wilden« in nichts nach. Als es ihnen gelang, ein Pequot-Dorf zu erobern, töteten sie alle erreichbaren Indianer, zündeten die Hütten an und warfen Frauen und Kinder in die lodernden Flammen. »In König Davids Krieg sollen die Mütter mit ihren Kindern umkommen.« Der bereits erwähnte Captain Underhill rechtfertigte die schrecklichen Taten mit einem frommen Bibelzitat.

Eine neuerliche Niederlage besiegelte Sassacus' Schicksal. Er flüchtete in die vermeintliche Sicherheit eines Irokesen-Lagers. Doch statt dem unglücklichen Häuptling Asyl zu gewähren, marterten ihn die rüden Mohawk hohnlachend bestialisch zu Tode und aßen sein Fleisch auf.

Die überlebenden Pequot vereinigten sich darauf mit ihren einstigen Gegnern, den wenigen überlebenden Mohikanern unter dem Briten-Vasallen Häuptling Uncas. Doch auch diese Kehrtwendung um 180 Grad schützte sie auf die Dauer wenig vor Vertreibung und Untergang. Ihre Reste wurden gemeinsam mit den übriggebliebenen Mohikanern von anderen Stämmen aufgesogen und assimiliert. Sie verschwanden aus dem bunten Flickenteppich der nordamerikanischen »First Nations«.

Vielen holländischen Kolonisten war der Boden zu heiß geworden. 1647 schifften sie sich einschließlich ihres Kommandanten van Krieft ein und kehrten in die europäische Heimat zurück. Van Krieft hatte, wie es hieß, in der Neuen Welt das stattliche Vermögen von 400 000 Gulden zusammengerafft. Sein Schiff scheiterte im Sturm. Van Krieft ertrank. Mit ihm versank der schnöde, gleißende, den Indianern abgeschacherte Mammon.

Das nächste, wenn auch indirekte Opfer der weißen Invasion waren die von den Shawnee respektvoll »Großväter« genannten Huronen: Die eingeschleppten Blattern wüteten fürchterlich unter diesen friedlichen Menschen. Die Gebete der unter ihnen missionierenden französischen Jesuiten halfen wenig gegen die von den Weißen verbreitete Krankheit. Die »Schwarzkutten« predigten den Huronen die Tugenden der Duldsamkeit und christlichen Nächstenliebe gegen ihre Feinde, statt den gesundgebliebenen Kriegern Musketen zur Verteidigung gegen die sich häufenden Angriffe der gut bewaffneten und zu allem entschlossenen Irokesen zu liefern.

Das tragische Resultat: Eine weitere, vordem 30 000 Menschen zählende, mächtige indianische Nation verschwand bis auf eine traurige, demoralisierte Restbevölkerung von der Bildfläche. Nicht viel besser erging es zwischen 1649 und 1651 den ebenfalls im Bereich der Großen Seen ansässigen Petun, den Erie und den sogenannten Neutrals. Aus den Resten dieser Stämme kristallisierten sich später die viel weniger zahlreichen Wyandot heraus. Sie sollten einmal zu Tecumsehs Verbündeten zählen.

Die Animosität der Shawnee gegen die Irokesen entwickelte sich zur Erbfeindschaft. Nach dem brutalen und gnadenlos geführten Ausrottungsfeldzug gegen die Huronen wurden die Irokesen von den Shawnee und den übrigen Algonquin nur noch als »Giftschlangen« bezeichnet.

Als sich der zahlenmäßig stärkste Algonquin-Stamm, die Miami, zugleich von den Sioux im Westen wie auch von den von den Briten aufgerüsteten Irokesen im Osten und Norden bedroht und in die Zange genommen fühlte, schickten die Miami-Häuptlinge Freundschaftswampuns zu den Shawnee. Deren Krieger gingen das Bündnis mit den Miami ein. Gemeinsam schlugen sie mit ihren neuen Verbündeten die irokesischen Aggressoren zurück. Der Grundstein zu der späteren Freundschaft und Zusammenarbeit zwischen den Miami und Shawnee war gelegt.

Die Irokesen, insbesondere die Mohawk, lieferten sich mit den Franzosen erbitterte und für beide Seiten verlustreiche Kämpfe. Wieder einmal sah es schlecht aus für das »Neue Frankreich« auf amerikanischem Boden. Dann bestieg im fernen Paris mit Louis XIV. ein entschlossener, junger Herrscher den Bourbonen-Thron. Er beschloß die »Vernichtung der Barbaren-Völker« und schickte ein komplettes, kriegstüchtiges Regiment über den Atlantik. Die Soldaten konnten die Mohawk zwar nicht entscheidend schlagen, aber sie verbrannten einige ihrer Dörfer. Sie schwächten den kriegerischsten aller Irokesenstämme so entscheidend, daß er der Expansion der Franzosen keinen entscheidenden Widerstand mehr entgegensetzen konnte.

In Nieuw Amsterdam hatte sich ein Häuflein von nicht einmal hundert holländischen Kolonisten zum Aushalten entschlossen. Sie hofften auf bessere Zeiten und auf den neuen Kommandanten Peter Stuyvesant. Von ihm hieß es: »Er hat zwar ein Holzbein, aber mit dem tritt er auf wie der Zar von Muskovien.«

Einer der Antagonisten des neuen Machthabers war der Kavallerie-Leutnant Johan Björnsson Printz, der in der kleinen schwedischen Kolonie Nya Ellsborg im Delaware-Tal hauste. Auch dieser Despot war eine bemerkenswerte Type: Der Wikingersproß wog an die 400 Pfund, war bärenstark, aufbrausend-großmäulig und imstande, ein Hufeisen mit den bloßen Händen aufzubiegen.

Printz verlangte rigoros, daß alle vorbeifahrenden fremden Schiffe vor den schwedischen Insignien, dem blauen Tuch mit dem gelben Kreuz, die Flagge dippten. Als die Holländer sich uneinsichtig zeigten, ließ er kurzerhand einen ihrer Handelsposten niederbrennen.

Peter Stuyvesant nahm sich der Sache an und wurde höchstpersönlich bei seinem schwedischen Konkurrenten vorstellig. Der hatte zwar ein großes Maul, doch nur 16 Soldaten, und selbst die waren noch auf drei verschiedene Posten verteilt.

Wutschnaubend mußte Printz mitansehen, wie die Holländer auf der anderen Seite der Delaware-Mündung ihrerseits ein Fort erbauten. Aber der Schwede brauchte die Provokation nicht lange zu erdulden: Vom Heck der unerwartet vor Nya Ellsborg aufkreuzenden Orlogschiffe flatterte die vertraute, die gelbgekreuzte, blaue Flagge. Die Bäuche der Segler spuckten Nachschub und Menschen aus, neue Kolonisten und Soldaten. Die Holländer hatten keine andere Wahl, als ihr schönes, neues Fort wieder aufzugeben und sich zurückzuziehen.

Ein Peter Stuyvesant ließ sich auf Dauer nicht unterkriegen: Kaum waren die schwedischen Fregatten auf heimatlichem Kurs wieder in See gestochen, beschlagnahmte er kurzerhand alle im Hafen von Nieuw Amsterdam liegenden Handelsschiffe, bestückte sie mit Kanonen und erschien mit dieser beeindruckenden Flotte in der Delaware-Mündung. Jetzt mußten die Schweden die Flagge streichen. Für sie war es aus und vorbei. Stuyvesant stellte die Skandinavier vor die Alternative, entweder nach Hause zu fahren oder die holländische Oberhoheit anzuerkennen. Einige beugten sich der neuen, toleranten Herrschaft, andere setzten Segel und kehrten nach Schweden zurück.

Damit war das schwedische Kolonisationsabenteuer in der Neuen Welt beendet. Es hatte ganze 17 Jahre gedauert. Ein gelbblauer Tupfer, ein bemerkenswerter, aber kaum bemerkter Schluckauf der amerikanischen Geschichte. Nicht einmal die Indianer hatten wesentlich gelitten.

Trotz aller Toleranz der Holländer gruben nicht nur die im Küstenbereich verbliebenen Algonquin-Indianer immer wieder das Kriegsbeil aus, auch im heutigen Connecticut scharmützelten englisch-puritanische Siedler und holländische Händler gegeneinander. Die Kampfhandlungen riefen die Royal Navy auf den Plan. 1664 erschienen fünf Fregatten unter dem Union Jack vor dem immerhin bereits 1500 Einwohner zählenden Nieuw Amsterdam. Sie richteten ihre Kanonen drohend auf die Stadt am Hudson River und forderten den Kommandanten Peter Stuyvesant zur Übergabe auf.

Die Holländer beugten sich der Gewalt und strichen, wie zuvor die Schweden, ihrerseits die Flagge. Ihre Soldaten zogen ab. Tecumseh mag - wie wir heute - spekuliert haben, ob es den im Prinzip toleranten und humanen Niederländern gelungen wäre, auf Dauer zu einem gleichwertigen Miteinander und Nebeneinander mit den Indianern zu gelangen. Doch das Schicksal, der Zufall, die Machtkonstellationen in Europa - oder wer oder was auch immer verantwortlich zeichnen mochte - führten zu der endgültigen Dominanz der aggressiveren Angelsachsen.

Einige der holländischen Händler blieben. Sie betrieben weiterhin ihre Geschäfte und legten den Grundstein zu dem bedeutsamen Finanz- und Handelsplatz, zur heutigen Wirtschaftsmetropole und größten Stadt der Vereinigten Staaten, zu New York. Auch Peter Stuyvesant kehrte nach kurzem Zwischenaufenthalt in der Heimat in seine »Bouverie« am East River zurück, wo er, wie es so schön heißt, »sowohl sein Ansehen wie auch seinen Wohlstand mehrte«.

Europa erobert Amerika

Tecumseh horchte auf, als Rebecca ihm erläuterte, daß einige Irokesen-Häuptlinge Mitunterzeichner des Abtretungsvertrages zwischen Holland und England waren. Der Shawnee wußte, daß die Langhausleute auf dem betreffenden Land überhaupt nichts zu suchen hatten. Es war zuvor den Algonquin-Küstenstämmen abgeschachert oder mit Gewalt entrissen worden. Die ursprünglichen algonquinischen Besitzer zu befragen, hielt man nach der Sitte der Zeit für überflüssig.

Die an sich belanglose Geste der Mitunterzeichnung sollte sich in seiner späteren Bedeutung als nicht zu unterschätzender Schachzug erweisen. Sie hielt die Irokesen als Zulieferer der lukrativen Rohpelze auf Englands Seite und festigte ihre Stellung als verläßliche und kriegstüchtige Verbündete unter den eingeborenen Völkern.

Nach dem Prinzip »Auch die Freunde meiner Feinde sind meine Feinde« trieb diese Einstellung zwangsweise die Shawnee und die übrigen Algonquin zwar nicht direkt in die Arme, so doch in Ellbogennähe der im Hinterland operierenden Franzosen. Was sie nicht davon abhielt, mit den Feinden ihrer neuen Freunde – den Briten – zu handeln und mit ihnen in den Krieg zu ziehen. Nicht selten fanden sich einzelne Shawnee-Abteilungen in gegnerischen Lagern wieder. Geschick und Fügung verhinderten aber die direkte Konfrontation mit den eigenen Stammesgenossen, sorgten dafür, daß die Shawnee sich nicht gegenseitig niedermachten.

Um 1670 lebten in den heutigen Neuengland-Staaten bereits 60 000 Siedler britischer Herkunft. Ihnen standen von einst über 100 000 nur noch 15 000 hoffnungslos in die Unterzahl geratene Indianer gegenüber. Bei der Verteidigung ihrer letzten Refugien mußten sich diese Küsten-Algonquins nicht nur mit den Kolonisten herumschlagen, sie hatten auch unter den mit den Engländern zusammenarbeitenden Irokesen furchtbar zu leiden.

Der Griff der Briten nach der Neuen Welt wurde energischer und härter. Die Spanier im Süden zeigten keine weiteren Expansionsgelüste. Die Franzosen beschränkten sich in erster Linie auf die St.-Lorenz-Mündung und auf die fernen, westlichen Großen Seen und das Land am Ohio.

In den Jahren 1675/76 ging es in Neuengland den Wampanoag an den Kragen. Ihr Häuptling Matassom – auch König Philip genannt – leistete erbittert Widerstand gegen die sich ausbreitende weiße Flut. Doch wieder einmal lief das Geschehen nach dem alten, nur zu gut bekannten Schema ab: Die Indianer überfielen eine abgelegene Siedlung, in diesem Fall Swansea. Sie ermordeten einen Teil der Einwohner, zündeten die Häuser an und nahmen den Rest der Bevölkerung gefangen. Die Kolonisten rotteten sich zu einem Vergeltungsfeldzug zusammen, töteten ebenfalls alle Indianer, die sich nicht effektiv genug zu wehren oder nicht schnell genug in den Wäldern unterzutauchen vermochten.

Die rachedurstigen Rothäute überfielen weitere Siedlungen. Das Blutvergießen eskalierte. Es sah für einige Zeit so aus, daß die Roten die Oberhand gewinnen würden.

Die von den Franzosen geschundenen, aber ungebrochenen Mohawk brachten sich wieder ins Spiel. Sie hatten ihre Kräfte gesammelt, griffen auf der Seite der Kolonisten in das Geschehen ein und führten die Entscheidung zugunsten der Weißen herbei. »König Philips« Krieger wurden geschlagen. Die Kolonisten gaben sich damit nicht zufrieden: Die Weißen versuchten das »Problem« ein für allemal auf effiziente Art zu lösen: Sie verfolgten unnachsichtig die Reste der Wampanoag und ihrer Verbündeten. Sie führten einen brutalen Vernichtungsfeldzug, ohne Frauen und Kinder zu schonen. Sie trieben »König Philip« vor sich her, jagten ihn von Versteck zu Versteck. Schließlich war es einmal mehr ein verbündeter Indianer, der im Jahr 1676 diesen Rebellen »zur Strecke brachte«.

Tecumseh zeigte sich sicher betroffen, daß Rebecca Galloway nicht von einem Krieg und erst recht nicht von einem Überlebenskampf der eingeborenen Bevölkerung und der rechtmäßigen Eigentümer des Landes gegen die Eindringlinge sprach, sondern von einem »Aufstand« und von einem »Rebellen«. In Neuengland hatten sich die Machtverhältnisse und damit auch die Diktion der Geschehnisse zuungunsten der Roten verschoben. Die Frage blieb offen, welche indianischen Stämme in der Folge den sich ausbreitenden Eindringlingen zum Opfer fallen würden. Das »mene, mene tekel uphrasin«, die Schrift an der Wand war deutlich zu lesen.

Das Geschehen in Nordamerika reflektierte die politisch-militärische Szene in Europa, wo sich Spaniens Macht und Einfluß weiter abschwächte. Auch in Amerika mußten die Kastilier unter dem Ansturm der mit den Engländern verbündeten Yamanasse-Indianern Santa Catalina de Guale aufgeben. Damit hatte Spanien bis auf St. Augustine alle Siedlungen an der südlichen Atlantikküste verloren, konnte sich aber noch am Golf von

Mexiko und im von dieser Entwicklung unabhängigen Südwesten behaupten.

Währenddessen versuchte Frankreich von den Großen Seen her Einfluß unter den Eingeborenen-Völkern westlich der Appalachen, also im Rücken der britischen Kolonisten, zu gewinnen und sich dort auf Dauer zu etablieren.

La Salle, einer ihrer Kommandeure, drang 1680 bis zum Mississippi vor. Am unteren Ohio, wo einst die Dörfer der Illinois und Miami standen, fand er nur noch rauchende Trümmer vor und ganze Berge von Leichen. Die Irokesen waren auf der Suche nach Pelzen weit nach Westen vorgestoßen, hatten fürchterlich gehaust und waren dann wieder abgezogen.

Es sollte zwei Jahre dauern, bis der französische Entdecker die Mündung des Mississippi erreichte. Aus dem Kupferblech eines Kochkessels fertigte er die Insignien seines Königs, nagelte sie an einen Baum. Er benannte das riesige Land zwischen Appalachen und beiderseits des Mississippi nach seinem fernen König in Versailles: Louisiana. Nach den Rechten der Eingeborenen, den wirklichen Herren dieses gewaltigen Gebiets, auch nur zu fragen, war La Salle nach böser zeitgenössischer, europäischer Sitte nicht in den Sinn gekommen.

Tecumseh war wahrscheinlich sehr davon angetan, was der Franzose, der bei seinen abenteuerlichen Reisen auch mit den Shawnee in Berührung gekommen war, über diesen Stamm geschrieben hatte: »Ich erachte diese Indianer als die besten, die tüchtigsten, intelligentesten und erfahrensten Krieger in der Neuen Welt.«

*

England und Frankreich befanden sich in jener Epoche in fast permanentem Kriegszustand. Da man auf der nordamerikanischen Bühne nicht die Heere zur Verfügung hatte, die sich in Europa gegenseitig abschlachteten, verfolgte man die Politik der gegenseitigen Nadelstiche und versuchte darüber hinaus, den Eingeborenen die Hauptlast der kriegerischen Aktionen aufzubürden.

Die Indianer, vor allen anderen die Shawnee, spielten dieses Spiel nur zu gerne mit. Die Chance auf Raub, Plünderung und Prestigegewinn konnte und wollte sich kein roter Krieger entgehen lassen. Wenn er dabei auch noch die materielle Unterstützung und Rückendeckung der mittlerweile stark und mächtig gewordenen Weißen genoß, dann erwies sich die Verlockung als unwiderstehlich.

Die wiedererstarkten Irokesen überfielen die französischen Kolonistendörfer am St. Lorenz. Gleichzeitig verbreiteten die mit den Franzosen verbündeten, am kanadischen Atlantik lebenden Abanaki unter den britischen Siedlern im heutigen Maine und Massachusetts Angst und Schrecken.

Das böse, blutige Spiel und die gegenseitigen Greueltaten wurden zumindest eingeschränkt, als die Franzosen einmal mehr eine Reihe von Mohawk-Dörfern eroberten und einäscherten. Damit war diesen gefürchteten Kriegern zumindest zeitweilig die operative Basis entzogen.

Inzwischen konnte Tecumseh die ihm zugänglichen Überlieferungen nahtlos in Rebeccas historische Betrachtungen einfügen. Der Shawnee erkannte Zusammenhänge, kam zu eigenen Folgerungen.

Als ihm Rebecca beispielsweise von Charles II. von England berichtete, der William Penn gegen Ende des

17. Jahrhunderts einen königlichen Charterbrief ausfertigen ließ und ihm die Siedlungsrechte für das heutige Pennsylvanien übertrug, konnte Tecumseh daran anknüpfen. Die Alten und Weisen hatten erzählt, wie daraufhin die in der Nachbarschaft der Delaware lebenden Shawnee einmal mehr ihre Sachen gepackt hatten. Ein Teil zog wieder nach Süden, in die Nachbarschaft der Creek und Cherokee, ein anderer Teil wandte sich nach Westen an den Illinois River – in die Nähe des von dem Franzosen La Salle erbauten Fort St. Louis.

Obwohl das Land mit Wild reich bestückt war, behagte das Dasein in der flachen Prärielandschaft den Waldbewohnern auf die Dauer nicht. Sie teilten sich. Viele kehrten nach Pennsylvanien zurück, um den Delaware gegen nicht abreißende Irokesen-Überfälle beizustehen.

Tecumsehs Urgroßvater Opetah folgte einem neuerlichen Ruf der Miami um Beistand und siedelte in den letzten Jahren des ausgehenden 17. Jahrhunderts in deren Territorium am Scioto River, einem Nebenfluß des Ohio. Es war ein idealer Ort: guter Boden für den Anbau von Mais, Kürbis und Bohnen; mit wilden Truthähnen, Hirschen und Kleinwild in den Wäldern, mit einem phantastischen Reichtum von Fischen in den Flüssen und Bächen. Die jagdlichen Ressourcen Kentuckys an Hirschen, Bären und Büffeln lagen einladend vor der Tür.

Trotzdem zogen Opetah und die Seinen nach ein paar Jahren weiter in das Tal des Susquehanna, um sich mit ihren Stammesbrüdern im Kampf gegen die Irokesen wiederzuvereinigen. Doch die gute Erinnerung an den indianischen Garten Eden am Scioto blieb haften.

Danach übernahm Rebecca wieder die Rolle der Berichterstatterin: In den ersten Jahren des 18. Jahrhunderts stellte sich heraus, daß die Briten weiter auf die irokesischen Verbündeten setzten. Die Shawnee und die Delaware sahen sich in eine Nebenrolle gedrängt.

Rebecca erzählte weiter, wie der humanistische, tolerante und pazifistische William Penn und seine Quäker sich um einen Ausgleich zwischen Irokesen auf der einen und Delaware, Susquehannock und Shawnee auf der anderen Seite bemühten. Es entwickelte sich zwar keine Freundschaft unter den alten Kontrahenten, doch fand man sich in einer Art von akzeptabler Koexistenz zusammen.

Tecumseh erklärte der jungen Frau: Die friedliche Koexistenz entsprach nicht dem Lebenstil der unruhigen Shawnee. Einzelne Gruppen brachen auf und zogen nach Westen. Sie querten die Waldberge der Alleghenies, folgten dem gleichnamigen Fluß, bis er zusammen mit dem Monongahela zum mächtigen Ohio wird, zogen langsam stromabwärts und kamen endlich im Gelobten Land am Scioto River zur Ruhe.

Damit war das alte Nomadentum weder vergessen noch aufgegeben. Immer wieder lösten sich einzelne Gruppen vom eigentlichen Stamm, um auf eigene Faust loszuziehen. Doch zum erstenmal konnte die Mehrzahl der Shawnee Wurzeln schlagen, dieses Land nördlich des Ohio als Heimat begreifen. Sie bauten rund um das große Council House ihre Wigwams aus rindengedeckten Rundhütten. Die Weißen sprachen von einer »Upper Shawnee Towne« beziehungsweise von einer »Lower Shawnee Towne« am unteren Scioto River, dem Nebenfluß des Ohio. Darüber hinaus gab es noch eine Reihe kleinerer Siedlungen in diesem Bereich.

Um einem Monopol vorzubeugen, erlaubten die Shawnee keinem der rivalisierenden französischen oder britischen Händler, auf ihrem eigenen Territorium einen

Posten zu errichten, sondern zogen es vor, die erbeuteten Felle mal hier und mal da so günstig wie möglich gegen Handelswaren einzutauschen.

*

Rebecca vergaß nicht, die anderen bedeutenden Stämme zu erwähnen. So die Tuscarora, die im einstigen Siedlungsgebiet der Irokesen, im heutigen Georgia, verblieben waren. Sie waren unter dem Druck der weißen Siedler ebenfalls nach Norden gewandert und hatten sich als sechste Nation dem Irokesen-Bund angeschlossen. Sie stärkten die Allianz und die Macht des dadurch auf »Six Nations« angewachsenen Gefüges.

Auf der anderen Seite mußte Frankreich nach dem im Jahr 1713 geschlossenen Frieden von Utrecht die Atlantik-Provinzen Kanadas bis auf Cape Breton Island an die Engländer abtreten. Damit waren die Abanaki, die Geißel der Neuengland-Staaten, erst einmal gebändigt.

Französische und englische Pelzhändler waren in den dreißiger und vierziger Jahren des 18. Jahrhunderts in das Ohio-Tal eingedrungen und lieferten sich hartnäckige Auseinandersetzungen um die begehrte Ware. Die Shawnee wie die übrigen Indianer hielten es mal mit dem einen, mal mit dem anderen und spielten die Konkurrenten nach Kräften gegeneinander aus: Die Frankokanadier waren ihnen sympathischer. Sie versuchten, sich in den Sprachen und Dialekten der Eingeborenen zu artikulieren; sie hatten keine rassistischen Vorurteile. Sie verschwägerten sich mit den Indianern, wenn auch meist »à la mode du pays« – das heißt auf Zeit –, sie servierten ihnen Feuerwasser, ohne auf Bezahlung zu drängen, sie gaben großzügige Kredite.

Aber die härter handelnden und verhandelnden Engländer boten die besseren Waren an: Werkzeuge, Waffen, Haushaltsgeräte, vor allem die berühmten Hudson's Bay Blankets, bunte Wolldecken von ausgezeichneter, gleichbleibender Qualität, die die Indianer über alles schätzten. Das Gleichgewicht der Kräfte blieb erhalten.

Im östlichen Tennessee hatte sich inzwischen eine Gruppe schottisch-irischer Pioniere festgesetzt. In dem von den Eingeborenen nur selten frequentierten Kentucky war, ausgelöst von dem sogenannten Grenzerhelden Daniel Boone, eine riesige Landspekulation in Gang gekommen, die immer mehr Siedler über die Appalachen lockte.

Die Rothäute, angestiftet und unterstützt durch die Franzosen, begannen sich gegen das weitere Vordringen der unter angelsächsischer Obhut stehenden Siedler in die Appalachen-Region zu wehren. Wie bei allen kriegerischen Auseinandersetzungen spielten die Shawnee eine zentrale Rolle.

*

Mitte des 18. Jahrhunderts – rund zwei Jahrzehnte vor Tecumsehs Geburt – herrschte in Europa wieder einmal Blutvergießen. Im Österreichischen Erbfolgekrieg schlugen sich Bayern, Sachsen, Preußen, Spanien und Frankreich mit den Österreichern herum, die von den Briten und Holländern unterstützt wurden. Dieser Krieg heißt in der amerikanischen Geschichtsschreibung »King George's War«.

Auch nach dem 1748 in Aachen geschlossenen Frieden gingen die Kampfhandlungen in der Neuen Welt weiter. Die Wälder Nordamerikas warfen das Echo der Clairons der Franzosen und der Dudelsäcke der Briten zurück. Es waren Tod und Vernichtung ankündigende Klänge, nach denen die Soldaten aufeinander zumarschierten und sich gegenseitig massakrierten. Der Endkampf der weißen Eindringlinge um die Vorherrschaft hatte begonnen.

Jede der beiden Kriegsparteien versuchte, möglichst viele Indianer als Hilfstruppen auf ihre Seite zu ziehen. Traditionsgemäß schlugen sich die irokesischen Mohawk auf die englische, das Konglomerat der Algonquin-Stämme - unter ihnen auch die Shawnee - auf die Seite der Franzosen.

Die Franzosen übernahmen die Initiative und rückten im Ohio-Tal vor. Die Engländer stellten eine Miliz-Abteilung unter der Führung des jungen Offiziers George Washington ab, um an dem Zusammenfluß von Monongahela und Allegheny - dem heutigen Pittsburgh - ein Fort zu errichten und dem Vormarsch des damaligen Erbfeindes Halt zu gebieten. Es gelang dem späteren ersten Präsidenten der USA, eine feindliche Truppe zu überraschen, ein Dutzend ihrer Soldaten zu töten und den Rest gefangenzunehmen.

Der Erfolg provozierte prompt den Gegenangriff der Franzosen, bei dem George Washington die Flagge streichen und sich ergeben mußte. Danach befand sich das Ohio-Tal und damit die Heimat der Shawnee fest in französischer Hand.

*

Das wiederum ließ die Briten nicht ruhen und rasten. 1755 wollten sie die Scharte auswetzen und schickten die beeindruckende Streitmacht von 2500 Mann, vorwiegend reguläre Truppen, unter General Edward Braddock in den Kampf. Braddock glaubte, »diesen Haufen nackter Wilder und Hemden statt Uniformen tragender kanadischer Franzosen«, wie er sich überheblich ausdrückte, quasi mit links den Garaus machen zu können. Er hatte es eilig, »an den Feind zu kommen«. Er ließ seinen langsamen Troß zurück und marschierte - ohne Unterstützung indianischer Hilfstruppen, aber nicht ohne auf seine Artillerie zu verzichten –in Richtung des französischen Stützpunktes Fort Duquesne. Er wußte, daß die Franzosen keine Kanonen zur Verfügung hatten, und glaubte an einen leichten Sieg seiner zahlenmäßig mehr als doppelt so starken, gut gedrillten und kampferprobten Regulären.

Der französische Kommandant Hyacinthe de Beaujeu hatte keineswegs die Absicht, sich hinter den Palisaden seines Forts wie eine Maus in der Falle fangen und in Fetzen schießen zu lassen. Er rückte mit 300 Soldaten und einer ebenso starken Streitmacht indianischer Verbündeter aus und marschierte dem Feind entgegen. Unter den roten Kriegern waren viele Shawnee. Einer von ihnen war Tecumsehs Vater Pucksinwah.

Statt in einer offenen Feldschlacht, das heißt in einer dichtgeschlossenen Schützenlinie mit wehenden Fahnen, Trommeln und Pfeifen bis auf Schußweite aufeinander zu zu marschieren und dann dem blutigen Geschehen seinen Lauf zu lassen, griff de Beaujeu zur Taktik der Rothäute. Er verteilte seine Truppen zu beiden Seiten der Vormarschroute und ließ die Vorhut der Briten in den weit geöffneten Sack, in die Falle laufen. Rotröcke und Milizionäre gerieten in ein mörderisches Kreuzfeuer. Sie formierten sich, feuerten ihre Salven, ohne kaum je einen Gegner zu Gesicht zu bekommen, ziellos in die Richtung, aus der der Pulverdampf aufwolkte, aus dem das Mark und Bein erschütternde Kriegsgeschrei der Roten ertönte. Die Formationen gerieten in Unordnung, Panik brach aus, die Soldaten flüchteten vor dem immer noch unsichtbaren Gegner. Sie verbreiteten auch in der nachrückenden Hauptstreitmacht erst Verwirrung und dann Chaos. Die Indianer und Franzosen schossen in die dichtgedrängten Haufen, was ihre Musketen hergaben. Der britische General versuchte verzweifelt, die Truppe zu reorganisieren, eine Schützenlinie aufzubauen. Nicht weniger als fünf Pferde brachen getroffen unter ihm zusammen, bis er selbst schwer getroffen wurde. Die Engländer flohen Hals über Kopf.

George Washington, auch hier im Einsatz, versuchte, den mit dem Tod ringenden General in einem Wagen in Sicherheit zu bringen. Vergeblich. Der Engländer starb. Seine letzten Worte waren: »Who would have thought it?« – »Wer hätte das gedacht?«

Die halbnackten Wilden und die statt mit Uniformen nur mit Hemden bekleideten Franzosen hatten nur 60 Leute verloren. Die Briten hatten 450 Tote und etwa ebensoviele Verwundete zu beklagen. Indianer und Franzosen erbeuteten Hunderte von Musketen, die Kanonen und eine Menge weiterer Ausrüstungsgegenstände. Mit Ruhm und Beute beladen kehrte Puksinwah in das Shawnee-Dorf am Scioto River zurück.

Unter weiteren schweren Verlusten konnten die Briten ein ähnliches Desaster im Norden vermeiden: dank ihrer irokesischen Hilfstruppen unter Chief Hendrik. Als der alte Krieger die hier anrückenden Milizionäre sah, schüttelte er den Kopf und erklärte kurz und bündig: »Zum Kämpfen zu wenige, zum Sterben zu viele.« Nichtdestoweniger hielten die Irokesen stand, bis sich die Miliz hinter einer Holzbarrikade formiert hatte und den Gegner aufhalten konnte. Tragisch war, daß ausgerechnet Chief Hendrik bei dem Gefecht getötet wurde.

*

Im Frühjahr 1756 kam mit Marquis de Montcalm ein neuer Militärkommandant in das »La Nouvelle France« genannte Kanada. Als erstes stürmte er mit seinen Soldaten das englische Fort Oswego am Südufer des Lake Ontario. Die mit den Franzosen verbündeten Algonquin, unter ihnen viele Shawnee, sagten voller Bewunderung mit der ihnen eigenen Eloquenz: »Er ist der berühmte Mann, der die Engländer wie einen Käfer unter seinen Füßen zertritt. Wenn wir in seine Augen blicken, dann sehen wir die Größe einer hohen Pinie und das Feuer eines Adlers darin glühen.«

Unter dem Eindruck von Montcalms Persönlichkeit beschlossen die Shawnee, weiterhin für die Franzosen Partei zu ergreifen. Diese hatten inzwischen rund 6 500 reguläre Grenadiere in Kanada stationiert. Die Indianer glaubten, die Gunst der Stunde nutzen zu können und stellten weitere 2 000 Krieger. Mit einer für die nordamerikanischen Verhältnisse bislang noch nie dagewesenen Streitmacht von rund 8 000 Mann marschierte Montcalm im folgenden Jahr in südlicher Richtung am Lake Champlain entlang. Trotz heftiger Gegenwehr nahm er das Fort William Henry. Die Algonquin waren in ihrem Siegestaumel nicht zurückzuhalten: Nachdem sie ein Schnapslager entdeckt und geplündert hatten, begannen sie, die wehrlosen englischen Gefangenen zu malträtieren, zu massakrieren, zu skalpieren ... Erst das mutige, persönliche Eingreifen Montcalms, der sich in eine Reihe mit den Gefangenen stellte, konnte ein totales Massaker verhindern. Die Shawnee und die übrigen roten Krieger machten große Augen: Sie konnten nicht verstehen, daß sie nicht wie gewohnt mit den Besiegten umgehen durften. Sie verließen beleidigt den Schauplatz des gemeinsamen Triumphs.

Die Briten schlugen zurück. 1758 eroberten sie eine wichtige Bastion, einen Eckpfeiler in der Verteidigungsstrategie des »Neuen Frankreichs«, die als uneinnehmbar geltende Festung Louisbourg im heutigen kanadischen Nova Scotia. Sie eroberten Fort Frontenac auf der Nordseite des Lake Ontario und hielten damit den Schlüssel zum gesamten Hinterland, zum sogenannten »Louisiana«, in der Hand.

Die Shawnee beobachteten das wechselnde Kriegsglück mit Interesse. Inzwischen neigte es sich den Briten zu. Es bedurfte keiner großen Überredungskunst, und sie ließen gemeinsam mit den Delaware und den Mingo die Franzosen im Stich und unterstützten statt dessen ihre einstigen Gegner.

George Washington, inzwischen Regimentskommandeur, beklagte sich bitter: »Diese Indianer sind wie Söldner. Sie lassen sich für jede kleine Leistung bezahlen. Sie sind sehr schnell beleidigt und überaus von sich eingenommen.«

Die Franzosen wehrten sich nach Kräften, doch ihr Krieg um die Herrschaft in Nordamerika war verloren. Der schiere Bevölkerungsdruck hatte sie ausgezählt. Insgesamt stand rund eine Million vorzugsweise angelsächsischer Siedler dem verlorenen Häuflein von 60 000 französischen Kolonisten und Händlern gegenüber.

Die endgültige Niederlage Frankreichs wurde in der Schlacht auf den Champs d'Abraham, auf den Feldern eines Bauern namens Abraham, in der unmittelbaren

Nähe von Quebec besiegelt. Der Marquis de Montcalm fand ebenso den Tod wie der Befehlshaber der Briten, General Wolfe.

Damit waren Niedergang und Ende der französischen Präsenz in der Neuen Welt festgeschrieben.

Das Blutvergießen war damit keineswegs beendet: Die Cherokee hatten sich nach ihrem Engagement auf seiten der Engländer im Ohio-Tal ein paar vermeintlich frei herumlaufende Pferde angeeignet. Die Grenzer behaupteten, die Tiere gehörten ihnen. Sie legten einen Hinterhalt und erschossen einige der in ihren Augen ruchlosen Diebe. Die Cherokee übten blutige Rache und metzelten ihrerseits zwei oder drei Dutzend Siedler nieder. Das Resultat war ein unbarmherziger Krieg, der diese Eingeborenennation tief erschütterte und erst zwei Jahre später endete.

Die Weichen waren indessen endgültig gestellt für eine britisch- angelsächsische Dominanz in Nordamerika. Für die Eingeborenen war das trotz aller Verträge, »auf immer und ewig« mit den Weißen geschlossen, eine bittere Pille: Ihre Chance hatte bisher darin bestanden, daß sich die beiden in Nordamerika eingedrungenen fremden Großmächte gegenseitig in Schach hielten. Vielleicht wäre es möglich gewesen, in dem Vakuum zwischen den beiden Kolonien das zum Überleben notwendige Territorium zu sichern. Doch das Rad der Geschichte drehte sich weiter. Bald sollten auch die Tage der Briten im wesentlichen Teil Nordamerikas, den heutigen USA, gezählt sein. Damit würden die Würfel neu gemischt werden.

*

1860 hatten sich die Shawnee fast vollständig an den Ufern des Scioto River im heutigen Ohio zusammengefunden. Viele Delaware waren ihnen gefolgt und siedelten sich in der Nähe an.

Den im Bereich der Großen Seen lebenden Indianern war der Wechsel der Macht von den Franzosen zu den Engländern unverständlich geblieben. Sie konnten nicht begreifen, warum die vertrauten Partner – die Franzosen – aus dieser Region kampflos abgezogen und warum die Briten gekommen waren.

Mit den neuen Machthabern zogen neue Zeiten herauf. Im Gegensatz zu den diplomatischen und konzilianten Franzosen spielten sich die Engländer wie auf den übrigen Schauplätzen der Welt als »Sahibs« auf, als resolute Kolonialherren. Dieses Benehmen verletzte den Stolz und das Unabhängigkeitsbewußtsein der Indianer zutiefst.

Auch die südlich der Großen Seen und im Ohio-Tal lebenden Rothäute hatten sich als selbständige und gleichberechtigte Handelspartner und von Fall zu Fall auch als unabhängige Verbündete im Krieg betrachtet. In den Forts und Siedlungen der Franzosen waren sie ein- und ausgegangen. Viele waren zum Katholizismus »bekehrt« worden. Es gab Ehen zwischen Indianern und Franzosen, andere lebten »à la mode du pays« zusammen, ohne Trauschein und den Segen der Kirche, aber deswegen nicht weniger glücklich oder unglücklich als die übrigen Paare.

Der neue britische Oberbefehlshaber Amherst diktierte den Kommandanten der Forts und Garnisonen ein strikt entgegengesetztes Verhalten: Die Fraternisierung mit den Roten sei unter allen Umständen zu unterbinden, die Verteilung von Geschenken einzustellen, der

Zugang zu den Forts für die Indianer nur noch in Sonderfällen zu gestatten. Leistungen müßten zwar bezahlt, aber Wohlverhalten dürfe nicht erkauft werden. Im gegenteiligen Fall »müssen sie bestraft, dürfen aber keineswegs bestochen werden«.

Es begann zu brodeln. Im Sommer 1761 wurden Kriegswampuns von Stamm zu Stamm getragen: von den irokesischen Seneca zu den algonquinischen Shawnee und Delaware; von den Ottawa, den Ojibwa, den versprengten Resten der Huronen, die sich Wyandot nannten, zu den Potawatomi, den Miami. Immer war die Botschaft die gleiche: Man suchte die Allianz der Stämme, um gegen die neuen Machthaber, die Briten, Krieg zu führen.

Gleichzeitig erhob Teedyscung, der »Prophet der Delaware«, seine Stimme und beschwor seine Rassegenossen, die Abhängigkeit von den Weißen und deren Handelswaren zu beenden, die Feuerwaffen wieder gegen Pfeil und Bogen einzutauschen. »Die Straße zum Himmel«, so verkündete der Prophet, »ist durch die Bleichgesichter verstellt. Sie kann nur wieder geöffnet werden, wenn wir uns zurückbesinnen, wenn wir die Kleider und Waffen der Weißen von uns werfen, uns von seinem Feuerwasser fernhalten. So hat der Große Geist, der Herr über alles Leben, zu mir gesprochen.«

*

Pontiac, dem Häuptling der Ottawa, gelang es, seine Stammesbrüder, aber auch viele der Ojibwa, Miami, Shawnee, Wyandot, Potawatomi und Sauk zu einer Allianz zusammenzuschmieden und gegen die Engländer zu mobilisieren. Als dann Gerüchte aufkamen, daß eine mächtige Streitmacht der Franzosen mit den fast in Vergessenheit geratenen Spaniern den Mississippi hinaufzögen, um die bei Quebec erlittene Schmach zu rächen, schien Pontiacs Stunde gekommen zu sein. Er schlug los.

Wie in den Indianerkriegen üblich, konnte er eine ansehnliche Kette von Anfangserfolgen verbuchen: Wie Dominosteine fielen sieben britische Forts - Sandusky, Miamis, Ouiatenonin, Michilimackinac, Venango, Le Boeuf und Presque Isle - in die Hände von Pontiacs Kriegern.

Die Shawnee, die keine Gelegenheit zu einem Kriegszug ausließen, belagerten in einer selbständigen Aktion für kurze Zeit Fort Pitt. Sie beteiligten sich auch an Pontiacs Feldzug, wurden dann aber durch eine verheerende Masern-Epidemie so geschwächt, daß sie in dieser Auseinandersetzung nur noch eine unbedeutende Rolle spielten.

Doch das strategisch wichtigste und stärkste aller Forts - Detroit - hielt aus, obwohl eine heranrückende englische Entsatzstreitmacht bei Bloody Run von den roten Kriegern vernichtend geschlagen wurde.

Die militärische Unterstützung durch Franzosen und vielleicht sogar Spanier, auf die Pontiac gesetzt hatte, blieb aus. Statt dessen wurde der De-facto-Machtwechsel zwischen Frankreich und Britannien auch de jure diplomatisch vorbereitet und im späteren, 1763 abgeschlossenen Vertrag von Versailles besiegelt. Der entscheidende Passus lautete: »Die Allerchristlichste Majestät Frankreichs tritt Kanada mit allen Rechten ab und garantiert es der Majestät von England.«

Als sinistre, wenn auch weniger schlagzeilenträchtige Beigabe hatten sich am Rande von Pontiacs Krieg schreckliche Tragödien und Grausamkeiten abgespielt.

Wie üblich unterschieden die Indianer nicht zwischen Militär und Zivilisten. Einzeln stehende Häuser und ganze Siedlungen an der Grenze waren in Flammen aufgegangen. Männer, Frauen und Kinder waren massakriert, gemartert, in Gefangenschaft geführt worden. 2 000 unbeteiligte Menschen, so lauten die zeitgenössischen Schätzungen, hatten ihr Leben verloren. Viele waren in Panik in die sicheren Städte des Ostens geströmt. Sie malten Schreckensbilder, berichteten von den Schmerzensschreien der Gemarterten, von dem Röcheln der Sterbenden, dem Gestank der verbrannten Ruinen, den Verwüstungen, angerichtet von den »wilden, roten Bestien«. Kein Wunder, daß sich die Ressentiments der weißen Bevölkerung östlich der Appalachen dauerhaft etablierten, daß der Schrei nach Rache unüberhörbar wurde.

In dem von toleranten Quäkern dominierten Pennsylvania schlugen die Wogen besonders hoch. Wieder einmal ging es nicht darum, die wirklich Schuldigen zu finden und zu bestrafen, sondern an irgend jemand Vergeltung zu üben. Ein Mob sogenannter Vigilanten überfiel eine wehrlose kleine Siedlung der friedlichen und vollkommen unbeteiligten Conestoga, tötete und skalpierte drei Männer, zwei Frauen und ein Kind. Die Opfer waren sogenannte »praying Indians«, zum Christentum »bekehrte« Rothäute.

Die überlebenden Indianer wurden von Gouverneur Penn in einem Arbeitshaus in Schutzhaft genommen. Doch der Mob gab keine Ruhe: Im Dezember 1763 brachen die Weißen in das Haus ein und massakrierten 14 weitere Indianer.

Benjamin Franklin schrieb: »Männer, Frauen und kleine Kinder wurden rücksichtslos, unmenschlich und kaltblütig ermordet und in einem hastig aufgeworfenen Loch verscharrt. Doch dieser Ausbruch von schlimmer Gewalt kann damit nicht zugedeckt werden. Die Schuld wird das ganze Land treffen, bis Recht gesprochen ist und die Mörder bestraft sind. Das Blut der Unschuldigen wird nach Rache zum Himmel schreien. Unglückliche Menschen, die ausgerechnet in solchen Zeiten unter solchen Nachbarn leben müssen.« Dem ist nichts hinzuzufügen.

*

Vor Detroit erwiesen sich die Indianer als zu wankelmütig, um Pontiacs Rat zu folgen und den entscheidenden Angriff auf das Fort zu wagen oder es effektiv auszuhungern. Vielleicht stand eine praktische Überlegung im Hintergrund: Inzwischen hatte sich herausgestellt, daß weder Franzosen noch Spanier im Anmarsch waren. Die Indianer sahen ein, daß sie auf Gedeih und Verderb mit den Briten zusammenarbeiten oder diese Bleichgesichter zumindest tolerieren mußten. Die Zeiten der materiellen Unabhängigkeit waren längst vorbei. Die roten Männer und Frauen hatten es verlernt, mit eigenen Mitteln und Methoden ihr Dasein zu gestalten oder zumindest ihr Leben zu fristen. Trotz aller beschwörenden Worte des »Delaware Prophet« glaubten sie, ohne die Waren, die Geräte und Waffen der Weißen nicht mehr existieren zu können.

Es kam zu einem großen Council der Häuptlinge mit dem Kommandanten Henry Gladwin, in dessen Verlauf die Briten sich ihre Präsenz in diesem Raum absegnen, die Indianer auf der anderen Seite sich aber zu keinerlei Gebietsabtretungen überreden ließen. Pontiac, den sicheren und großen Sieg vor Augen, blieb enttäuscht und verbittert den Verhandlungen fern.

Der Oberbefehlshaber der britischen Truppen, General Jeffrey Amherst, versuchte zumindest im nachhinein die militärische Niederlage in einen Sieg zu verwandeln: Er ließ den Indianern als Geschenk pockeninfizierte Dekken überreichen und versuchte, den wackligen Frieden, den er militärisch nicht garantieren konnte, durch eine großzügige Verteilung von Feuerwasser zu stabilisieren.

Der Kommandant von Detroit, Henry Gladwin, der eher durch indianische Unentschlossenheit als durch eigene Initiative Davongekommene, verstieg sich zu dem ebenso schlimmen Zynismus: »Das freie Angebot von Rum wird sie eher vernichten als Feuer und Schwert.«

Pontiac, dem letztendlich keine andere Wahl blieb, als die Beschlüsse des Councils zu sanktionieren, wanderte als Geächteter von Stamm zu Stamm. 1769, ein Jahr nach Tecumsehs Geburt, wurde er hinterrücks von einem Mörder seiner eigenen Rasse erschossen.

*

Im Vertrag von 1763 war es nicht nur um Kanada gegangen, sondern auch um den Rechtsanspruch auf das »Louisiana« genannte Kernland der heutigen USA zwischen Appalachen und beiderseits des Mississippi. Betroffen waren damit das Ohio-Tal und die seinerzeitige Heimat der Shawnee. Frankreich hatte bis dahin Anspruch auf »Louisiana« erhoben. Aus 75 Jahren fast ununterbrochenen kriegerischen Auseinandersetzungen zwischen den Kolonialmächten war Old Albion als unumstrittener Sieger hervorgegangen. Im Endeffekt hatte Frankreich nicht nur Kanada, sondern auch alles Land östlich des Mississippi verloren. Die angeblich wertlose, unbekannte Wildnis westlich des Ol' Man River überließ man großzügigerweise den Spaniern.

Um die Rothäute ruhig zu halten und sie sich auch bei möglichen künftigen Auseinandersetzungen als Alliierte zu sichern, kam es zur berühmten, feierlichen Königlichen Proklamation der Briten von 1763. Nach ihr durfte sich kein Weißer ohne spezielle Genehmigung westlich der Appalachen begeben, geschweige denn dort siedeln. Das bedeutete, daß alles Land zwischen diesem Gebirgszug und dem Mississippi den sogenannten Waldindianern garantiert werden sollte.

Dahinter lagen keineswegs nur juristische oder gar humanitäre Gründe. Es waren einmal mehr die Staatsfinanzen. England wollte und konnte sich keinen weiteren kostspieligen Krieg mit den Eingeborenen leisten.

Die hehre Absicht und die realen Gegebenheiten stimmten einmal mehr nicht überein: Während über den einst französischen Forts an den Großen Seen und im Ohio-Tal das blau-weiße Lilienbanner der Bourbonen eingeholt wurde und an den Masten die blutrote, dreimal durchkreuzte Fahne Britanniens aufstieg, hieß es in einem offiziellen Bericht: »Die Gegend wird von allerhand weißen Vagabunden förmlich überrannt, die sich unter dem Vorwand der Jagd hier niederlassen.«

Der amerikanische Grenzerheld Daniel Boone war schon Jahre zuvor tief nach Kentucky eingedrungen und hatte in einer Baumrinde die heute noch sichtbare Inschrift hinterlassen: »D. Boon. Cilled a Bar on Tree. In the Year 1760.« Ein Jäger ist ein freiheitliebender Mensch. Er läßt sich keine Vorschriften machen – auch nicht beim Buchstabieren.

*

Es ist nicht bekannt, inwieweit Rebeccas Erzählungen und Erläuterungen in der Folge Tecumsehs Tun und Handeln beeinflußten. Eins ist sicher: Der Shawnee erkannte Zusammenhänge, die ihm zuvor verborgen waren, die er allenfalls erahnen konnte. Er war es, der in erster Linie von den langen Gesprächen profitierte.

Es sind sicherlich nicht nur die langen Unterhaltungen gewesen, die Tecumseh endlich bewogen, um die Hand der jungen Siedlertochter anzuhalten. Rebecca überlegte nicht lange und gab ihr Jawort. Doch sie stellte eine Bedingung: Tecumseh sollte seine indianische Lebensweise aufgeben.

Die Rothaut erbat sich Bedenkzeit und ritt davon. Einen Monat lang stritten in ihm die Gefühle und die Verpflichtung gegenüber seinem Volk, seiner Rasse. Dann besuchte der Shawnee zum letzten Mal die schöne Siedlertochter. Er erklärte ihr, daß er ihre Bedingung nicht erfüllen könne.

Dieser Abschied für immer muß zutiefst schmerzlich gewesen sein. Zwei Menschen hatten die Vernunft über ein sicherlich tiefes und ehrliches Gefühl gestellt. Sie hatten die Unvereinbarkeit zweier sich diametral entgegenstehender, sich in einem unüberbrückbaren Konflikt befindlicher Welten erkannt und entsprechend gehandelt.

Das große Bündnis aller Indianer

Tecumseh war durch die Gespräche mit Rebecca Galloway in seiner Überzeugung bestärkt worden, daß nur eine gemeinsame Front aller Indianer das anscheinend Unabwendbare noch abwenden könnte. Hätten in den vergangenen Jahrhunderten die Rothäute auch nur einen Ansatz von Gemeinsamkeit gefunden, wäre es ihnen ein leichtes gewesen, die weißen Eindringlinge zu vertreiben oder zumindest die eigenen Positionen zu behaupten. Was hatten sie statt dessen getan? Viele hatten sich der ureigenen Sache nicht nur verweigert, viele hatten sie sabotiert, für ein paar Shillinge die eigenen Brüder und Schwestern massakriert.

Es gab für den Shawnee nur eine einzige Möglichkeit, der Vertreibung oder gar der Vernichtung zu entgehen: ein großes, ein allumfassendes Bündnis aller Indianer! Er, Tecumseh, mußte alles daran setzen, diese Allianz herbeizuführen.

Tecumseh reiste ruhelos umher. Er besuchte die Nachbarstämme, die Miami, die Wyandot, die Potawatomie, die Kickapoo, die Ottawa. Er versuchte, den Häuptlingen die Augen zu öffnen, ihnen aufzuzeigen, welche Werte sie im Vertrag von Greenville weggegeben und welche Lächerlichkeiten sie dafür eingetauscht hatten.

Die Worte des jungen Shawnee stimmten die Ältesten und die Häuptlinge nachdenklich: »Seit Menschengedenken haben uns die Weißen erklärt, daß der und der und der Vertrag der letzte sei, der zwischen ihnen und ihren roten Brüdern abgeschlossen würde und daß dieser Vertrag, solange ›das Gras wächst und die Flüsse fließen‹, also auf immer und ewig, Bestand habe. Aber es waren alles Lügen. Genau wie alle Verträge zuvor, wird auch dieser Vertrag nicht der letzte sein. Andere werden folgen und auf diese wieder andere. Jedesmal werden wir, die Indianer, noch mehr und mehr Land verlieren. Wir werden immer weiter zurückgedrängt, und irgendwann wird nur noch ein Stück Erde übrigbleiben, eben groß genug, um unsere Überreste zu begraben. Aber auch dieses Stück Erde werden die Weißen umpflügen, um ihre Städte darauf zu bauen, ihr Korn darauf zu pflanzen, ihre Rinder darauf weiden zu lassen. Überlegt es euch gut: Jedes Kind kann einem Büffel ein Haar ausreißen. Doch nicht einmal der stärkste Krieger vermag ein aus vielen Büffelhaaren gedrehtes Seil zu zerreißen.«

*

Der ehrgeizige William Henry Harrison, General Waynes Adjudant auch während der Schlacht von Fallen Timbers, war inzwischen zum Captain befördert und zum Kommandanten des Fort Washington ernannt worden. Er hatte die junge Anna Symmes geheiratet, die Tochter des einflußreichen Richters und Landspekulanten Benjamin Symmes. Harrisons künftige Karriere und seine familiärfinanziellen Ambitionen waren damit endgültig in eine Richtung gelenkt, die in absehbarer Zukunft mit Tecumsehs Absichten kollidieren mußte.

1796 zog sich der unter den Grenzern so verhaßte, von den Shawnee dagegen überaus geschätzte Kampfgefährte und Späher Simon Girty endgültig nach Kanada zurück. Girty drohte zu erblinden. Gleichzeitig verfiel er mehr und mehr dem Alkohol. Er wurde zu einem mitleiderregenden menschlichen Wrack.

Drei Jahre später – also 1799 – erklomm der inzwischen 27jährige William Henry Harrison eine weitere Sprosse seiner Karriereleiter. Er wurde Gouverneur des sogenannten Indiana Territory, einer riesigen, sich immer noch im indianischen Besitz befindlichen Landfläche östlich des Mississippi.

Einflußreiche, weitsichtige wie skrupellose Weiße hegten ausgesprochene wie auch unausgesprochene Pläne, das »Indianerproblem« durch die Vertreibung der Rothäute nach Louisiana – de jure noch spanischer Besitz – zu lösen. Harrison hielt in diesem Bestreben eine »carte blanche« in den Händen. Er war nur dem Präsidenten der USA direkt verantwortlich. In seiner Auseinandersetzung mit den noch diesseits des Mississippi ansässigen Rothäuten konzentrierte er seine Bemühungen darauf, diese Stämme nach Westen abzudrängen.

William Henry Harrison hatte kraft seines neuen Amtes enormen Einfluß gewonnen und über seinen Schwiegervater einen tiefen Einblick in die finanziellen Möglichkeiten, die sich durch die Vertreibung der Eingeborenen aus weiteren großflächigen Gebieten zwischen Appalachen und Mississippi eröffnen würden. Aber damals verhielten sich die betroffenen Stämme so friedlich, daß es keinerlei Rechtfertigung für irgendeine Form von Gewaltanwendung gab.

Die jungen Vereinigten Staaten hatten immer noch ausreichend mit sich selbst zu tun. Eine indianische »Rebellion« konnte und wollte man sich – noch – nicht leisten.

Tecumseh brach im Jahr 1802 zu einer weiteren Mission auf, mit dem Ziel, auch die weiter entfernt lebenden Stämme von seiner Utopie eines gemeinsamen indianischen Vorgehens gegen die Weißen zu überzeugen. Seinen zu einem eher gefürchteten als geachteten Medizinmann herangewachsenen Bruder Lowawluwaysica schickte er zu den benachbarten Stämmen, zu den Miami und Delaware. Lowawluwaysica sollte dabei nicht vergessen, auch die weiter entfernt lebenden Gruppen des eigenen Volkes auf das gemeinsame Anliegen einzuschwören.

Tecumseh besuchte die Ojibwa, die Winnebago, die Sac und Fox, er konferierte mit den Mandan und Menominee. Seine angeborenen rhetorischen Fähigkeiten gestatteten ihm, überall ein offenes Ohr zu finden. Er versuchte den Häuptlingen, den Ältesten und Kriegern klarzumachen, daß es mehr als der Kraft nur eines Stammes oder einer Konföderation bedurfte. Die Gemeinschaft aller Indianer müßte sich ohne jegliche Vorbehalte zum Kampf stellen, um ihre Heimat zu verteidigen: »Der einzige Weg, das Böse zu beenden, liegt darin, daß wir uns zusammenfinden und das allgemeine und gemeinsame Recht auf das Land für uns beanspruchen, so wie es immer war und auch immer noch ist. Das Land war nie geteilt, es gehörte allen Menschen. Kein Stamm hat das Recht, Land zu verkaufen, auch nicht untereinander und erst recht nicht an die Fremden. Man stelle sich vor: die Erde zu verkaufen! Warum auch nicht die Luft, die See – ebenso wie die Erde!?«

Tecumseh machte eine Pause, seine durchdringend-suggestiven Blicke wanderten von einem zum anderen der unbewegten Gesichtes dasitzenden Zuhörer.

»Wo sind heute die Pequot? Wo sind Narraganset? Wo die Mohikaner, die Pokanoket und viele andere mächtige Stämme unseres Volkes? Wie der Schnee in der Sommersonne sind sie in der Habsucht, der Gier und der Unterdrückung des Weißen Mannes verschwunden ...«

Ähnlich wie die Jünger einem Messias, waren es vor allem junge, begeisterungsfähige Krieger, die sich Tecumseh anschlossen, die seine dringende Botschaft weiterverbreiteten. In Tecumseh festigte sich die Hoffnung, er könne trotz aller Widerstände und Zwistigkeiten die Stämme überzeugen: »Die einzige Hoffnung auf ein Überleben besteht in einem gemeinsamen Vorgehen gegen die Weißen.«

Wo er sich auch hinwandte, sein Ruf eilte ihm voraus. Doch zu direkten, konkreten Ergebnissen kam es nicht. Die Grenze war ruhig. Die Amerikaner hatten ihre eigenen internen Probleme mit dem Aufbau ihres jungen Staates, die Indianer hielten sich zurück.

*

Während sich bei Tecumseh Erfolg und Mißerfolg die Waage hielten, agierte sein einäugiger Bruder Lowawluwaysica sehr unglücklich. Immer und überall vom Dämon Alkohol verfolgt, hatte er die Gelegenheit und die Gastfreundschaft der von ihm besuchten Stämme und Gruppen genutzt, um sich ausgiebig zu betrinken. Seinen in diesem Zustand verworrenen Reden schenkte man wenig Beachtung. Trotzdem verstand der Einäugige geschickt, Respekt und Furcht seiner Person gegenüber aufrechtzuerhalten. Er galt inzwischen als Nachfolger des alten Medizinmannes Change of Feathers und als kommender Prophet. Nicht so sehr die Achtung brachte ihm diesen Status ein, sondern eher die Furcht. Lowawluwaysica hatte sich den Ruf erworben, seinen geheimen und offenen Gegnern böse mitspielen zu können. Entweder mußte man ihn wie einen tollen Hund töten oder seinen Worten Beachtung schenken.

Man entschied sich für letzteres. Als der Einäugige auf einzelne Männer und Frauen deutete und sie als Vertreter der »Schwarzen Magie«, als böse Zauberer und Zauberinnen bezeichnete, kam es unter den Shawnee zu einer furchtbaren Hexenjagd, der eine Reihe unschuldiger Menschen zum Opfer fiel.

Trotzdem war in Tecumseh die Überlegung zum Entschluß herangereift, seinen einäugigen Bruder als geistige Macht, als »Propheten«, in eine große, allumfassende panindianische Bewegung mit einzubeziehen.

Dann flammten die Feindseligkeiten wieder auf. Nachdem die eigenen Jagdgründe kaum noch etwas hergaben, hatten es sich die weit westlich von den Shawnee lebenden Kickapoo zur Angewohnheit gemacht, »Hirsche mit Glocken um den Hals«, also die Rinder der Siedler zu stehlen, sie zu ihrer Fleischversorgung heranzuziehen. Wenn ein Grenzer so unklug war, seine Herde mit der Waffe in der Hand zu verteidigen, dann konnte es geschehen, daß neben dem Rinder- auch Menschenblut vergossen wurde.

*

Im Jahr 1803 war auch Ohio zum Bundesstaat erhoben worden. Als in der Nähe der »Hauptstadt« ein Siedler getötet und skalpiert worden war und die Weißen im Gegenzug einen alten Indianer umgebracht hatten, rief Gouverneur Tiffin Tecumseh in seinen Amtssitz. Der inzwischen auch von den Weißen als einflußreich und respektabel anerkannte Shawnee sprach zu der Bevölkerung. Es gelang ihm, die latenten Ängste der Siedler hinsichtlich neuer Massaker zu zerstreuen.

Danach widmete sich der Shawnee seiner eigentlichen Mission: Er besuchte die einzelnen Nationen der einst verfeindeten Irokesen, die Susquehannock im heutigen

Bundesstaat New York, die Abenaki, die mit den Ojibwa verwandten Nippissing und Mississauga in Kanada. Wie es heißt, streckte er sogar seine Fühler bis zu den weit westlich des Mississippi lebenden Lakota oder Teton-Sioux aus. Über die Reaktion der Sioux ist nichts bekannt. Es ist nicht einmal sicher, ob sie Tecumseh überhaupt verstanden. Nach ihren Vorstellungen und Erfahrungen war die Prärie ewig und grenzenlos und das Zentrum der Welt. In dieser Welt waren sie und niemand sonst die unumschränkten Herren. Also warum sich Sorgen machen? Im Gegenteil: Die wenigen Bleichgesichter, mit denen die Präriereiter zu tun hatten, waren wichtige Handelspartner, denen man für ein paar Ponys oder einen Stapel Büffelhäute all die wertvollen, vorher unbekannten Dinge wie Äxte, Messer, Feuerrohre, Töpfe, Decken und noch vieles mehr abhandeln konnte. Eine Handvoll Weißer gegen viele Tausende stolzer, unbesiegbarer Lakota-Krieger! Wo sollte da die Gefahr liegen?

Auch die mächtigen und zahlreichen Lakota hätten alarmiert und sehr besorgt sein müssen: Etwa zum Zeitpunkt des Tecumseh-Besuches war im fernen Europa ein unsäglicher Deal über die Bühne gegangen. Erst hatte Spanien seinen »Besitz« an Frankreich und dann hatte Frankreich für den lächerlichen Betrag von 15 Millionen Dollar den USA das riesige Territorium westlich des Mississippi abgetreten. Es handelte sich um das ureigene Reich der Prärieindianer und vieler anderer Stämme mehr. Damit waren die Voraussetzungen geschaffen, daß die Siedlerströme sich mit ihren Krakenarmen immer weiter in die Jagdgründe und Lebensräume der bis dahin unbehelligt gebliebenen Stämme vortasten, deren Land verschlingen und sie selbst zu Bettlern machen würden.

Es ist nicht anzunehmen, daß sich die freischweifenden, stolzen und sich selbst die Herren der Welt wähnenden Prärienreiter die Bedrohung durch die Weißen überhaupt vorstellen konnten. Noch galt den Bleichgesichtern das Land westlich des Mississippi als wilde, unbekannte, grasige Wüstenei, die allenfalls geeignet sein könnte, die noch im Osten ansässigen Eingeborenen-Stämme aufzunehmen.

Allenfalls war der eine oder andere der Ältesten der Lakota-Häuptlinge nachdenklich geworden. Doch es folgte keine Reaktion. Die von Tecumseh in den Boden gelegte Saat sollte erst aufgehen, nachdem auch die Lakota mit den durch ihre Jagdgründe ziehenden Siedlerströmen konfrontiert wurden, als die Langmesser auch ihre Camps und Dörfer zerstörten, als sie selbst sich in der Position der Shawnee und der übrigen Stämme jenseits des Mississippi befanden. Auch die Waldindianer hatten sich genau wie die Lakota einmal für unbesiegbar gehalten. Jetzt konnten die meisten Stämme allenfalls und mit Mühe nur noch ein paar hundert Krieger mobilisieren. Als die Sioux die Bedrohung am eigenen Leibe spürten, war es zu spät. Der Feind war übermächtig geworden. Auch für eine gemeinsame Aktion war die Uhr abgelaufen.

Die Pawnee, die Sioux, die Crow hätten die Schrift an der Wand bereits jetzt lesen können. Sie erschien in der Gestalt von Lewis und Clark. Letzterer war der Bruder von George Rogers Clark, dem Eroberer von Kaskaskia und Cahokia. Während einer großangelegten Überland-Expedition zwischen den Jahren 1804 und 1806 erkundeten die beiden amerikanischen Offiziere mit ihrer rund 30köpfigen Truppe im Regierungsauftrag die gewaltige Landmasse zwischen Missouri und der Oregonküste. Sie legten den Grundstein zur Eroberung des Nordwestens der heutigen USA und zur Vernichtung beziehungsweise der Unterwerfung aller dort lebenden Indianerstämme.

Noch ein paar Jahrzehnte und auch die Tage des wilden und freien Daseins der Lakota würden der Vergangenheit angehören. Hätten Sitting Bulls Vorfahren in jenen ersten Jahren des 19. Jahrhunderts die Schrift an der Wand entziffert und beachtet, sie hätten die Amerikaner zum Teufel gejagt. Damals wäre es ihnen noch leicht gefallen.

*

Der große Gegenspieler Tecumsehs und der östlichen Indianer war und blieb William Henry Harrison. Ihm war es mit »friedlichen Mitteln«, das heißt mit viel Feuerwasser und wenigen Dollar gelungen, den Stämmen der Sac und Fox, aber auch den Iowa und Winnebago ein mächtiges Stück Land zwischen Wisconsin, Missouri, Mississippi und Illinois – insgesamt zwölf Millionen Hektar – abzuschachern. Die armselige Gegenleistung der Weißen bestand in einer einmaligen Zahlung von 2200 Dollar in Waren und einer weiteren jährlichen Zahlung von nochmals 1000 Dollar. Harrison hatte die Häuptlinge mit allem bewirtet, was zur Verfügung stand; er ließ ihnen anschließend so viel Whisky einflößen, daß sie ihre eigene Seele für einen Apfel und ein Ei verkauft hätten.

Tecumseh war außer sich vor Wut über diesen schnöden Handel. Auf wieviel Anerkennung und positive Reaktionen er auch gestoßen sein mochte, so schwer fiel es ihm offenbar, seine eigenen Leute und die Nachbarstämme – beispielsweise die Miami unter dem in Friedenszeiten nach wie vor dominierenden alten Häuptling

Little Turtle – zu überzeugen und auf seine Seite zu ziehen. Einmal mehr hatte sich das alte Sprichwort bewahrheitet, daß der Prophet im eigenen Lande wenig gilt. Vielleicht lag der Grund darin, daß er seinen Bruder Lowawluwaysica mit der Überzeugungsarbeit betraut hatte. Sowohl die Shawnee wie die Miami kannten den Einäugigen. Sie wußten nur zu gut um seine Verschlagenheit, seine Trunksucht, sein anmaßendes Verhalten. Da half es wenig, daß der alte Medizinmann Change of Feathers inzwischen gestorben war und Lowawluwaysica sich als sein legitimer Nachfolger fühlte.

Das Ansehen des Einäugigen stieg unverhofft, als ein damals unbekannter Virus den Stamm überfallen hatte und einige Frauen und Männer unter schrecklichen Koliken und Magenkrämpfen gestorben waren. Lowawluwaysica sagte voraus – vielleicht auf Tecumsehs Rat hin –, daß die von den bösen Dämonen, möglicherweise direkt vom Teufel Matchemenetoo verursachte Krankheit noch einige Kranke dahinraffen würde, daß er aber mittels geheimer Rituale die Krankheitsgeister vertreiben könnte. Alle, die innerhalb eines Mondes nicht gestorben seien, würden Genesung und vollständige Heilung erlangen.

Es geschah wie prophezeit: Nachdem der Epidemie noch einige Indianer zum Opfer gefallen waren, verflüchtigte sich die Krankheit wie ein Gewittersturm, der viele Bäume geschüttelt, aber nur wenige gebrochen hatte. Lowawluwaysica hatte die Zweifler überzeugt.

Doch dann fiel der Medizinmann selbst in ein Koma. Denkbar sind viele Gründe: Vielleicht war es ein epileptischer Anfall oder die Nachwirkungen jener Magenkrankheit, die auch ihn betroffen hatte – oder eine schwere Alkoholvergiftung. Als er aus seinem komatösen Zustand erwachte und wieder auf die Beine kam, behauptete er, seine Seele sei in der Zwischenzeit zum Großen Geist geflogen. Er sei als neuer Mensch auf die Erde zurückgekehrt.

Mit seiner vorgeblichen Reinkarnation hielt der Einäugige den Zeitpunkt für gekommen, seinen Namen zu ändern. Er nannte sich fortan: Tenskwatawa – »die offene Tür«. Dieser Tür, so verkündete er, würden in Zukunft Kräfte entströmen, die zu einem vorher nie dagewesenen Ansehen der Krieger, größerer Fruchtbarkeit der Frauen und der Geburt zahlreicher gesunder Kinder führen werde. Er selbst sei jetzt ein Medizinmann, größer und mächtiger als Change of Feathers jemals gewesen war. Er sei der einzige allwissende Prophet.

Gleichzeitig gelobte Teskawata alias Lowawlowaysica, keinen Tropfen Feuerwasser mehr anzurühren. Er empfahl seinen Zuhörern, auf das Fleisch der Weißen, auf Schafe, Rinder oder Schweine, zu verzichten, dafür wie ihre Vorväter nur das Wild der Wälder und Steppen zu verspeisen. Desgleichen sollten seine Stammesbrüder und -schwestern sich statt in Stoffe wieder in Felle kleiden, ihre Blockhütten verbrennen und in Wigwams leben. Die Krieger sollten ihre Feuerwaffen wegwerfen und zu Wurfspeer, Pfeil und Bogen, zu Tomahawk und Kriegskeule zurückkehren.

Andere Propheten vor Tenskwatawa und auch solche, die nach ihm kommen sollten, hatten bereits ähnliche Empfehlungen ausgesprochen. Doch das große Rad, daß sich Fortschritt nennt und möglicherweise ins Verderben führt, konnten sie nicht und würden sie auch in Zukunft nicht zurückdrehen können.

*

Inzwischen erschienen bei den Shawnee Delegationen naher und weit entfernt lebender Stämme, strömten immer mehr Indianer in das von Tecumseh bewohnte »Stony Creek« genannte Dorf, um den Worten dieses bedeutenden Mannes zu lauschen und in furchtsamer Bewunderung einen Blick auf seinen einäugigen Bruder zu werfen. Sie trafen sich zu einem großen Council, bei dem über tausend Krieger und ihre Häuptlinge zusammenkamen.

Der Ruf Tecumsehs war bis zu den Briten vorgedrungen. Sie schickten ihren Beauftragten Fisher. Er kam beladen mit Geschenken und versuchte, den Shawnee davon zu überzeugen, daß es eines Tages wieder Krieg geben würde zwischen den Rotröcken und den Amerikanern und daß die Soldaten des Königs die Langmesser für alle Zeiten vertreiben und ihren roten Brüdern die alten Stammesgebiete wieder voll und ganz zurückerstatten würden.

Tecumseh hatte den Verrat von Miamis nach der Schlacht in den Fallen Timbers keineswegs vergessen. Doch er brauchte für seinen großen panindianischen Wurf einen mächtigen Bundesgenossen. Wo anders sollte er ihn suchen als unter den Briten?!

Der große indianische Aufmarsch blieb den Amerikanern nicht verborgen. Er mußte sie zwangsläufig beunruhigen. Doch Tecumseh verstand es, mit großem diplomatischen Geschick und entsprechender Rhetorik, die Wogen wieder zu glätten. Er spielte seine eigene Rolle herunter und verwies auf die spirituelle Bedeutung, die sein einäugiger Bruder als Medizinmann und friedliche, religiöse Kraft unter den Rothäuten erlangt hätte. Der größte Teil der Besucher sei gekommen, um den vergeistigten Worten des neuen Shawnee-Propheten zu lauschen.

Der Prophet Tenskwatawa, Tecumsehs einäugiger Bruder

Präsident Jefferson wollte sich weder einen bewaffneten Konflikt mit den Indianern noch mit der damaligen Weltmacht Britannien leisten. Er verfiel auf den Ausweg, seinen Beauftragten William Henry Harrison anzuweisen, einen Handelskrieg vom Zaun zu brechen. Er sollte die Briten treffen und sie endgültig aus den Gebieten südlich der Großen Seen vertreiben.

Aus diesem Plan zogen zur Abwechslung endlich einmal die Indianer ihren Vorteil: Harrison wies die amerikanischen Händler an, den Indianern wesentlich höhere Preise als die Briten für die gelieferten Felle zu bezahlen. Auf der anderen Seite sollten sie die Produkte der Weißen billiger als jeder andere verkaufen. Die Amerikaner gedachten auf diese Art und Weise, sich die unliebsame und gefährliche Konkurrenz ohne militärischen Konflikt vom Hals zu schaffen.

Die geniale Idee hatte einen kleinen Haken: Die Indianer freuten sich über die unverhofft guten Geschäfte. Die einfallsreichen Rothäute tauchten jetzt in Kanada auf und verkauften den Briten die amerikanischen Waren. Selbst nach Aufschlag eines kräftigen Profits waren diese immer noch billiger als die aus dem überseeischen Britannien nach kostspieligem Landtransport durch die endlosen Weiten Kanadas herangeschafften Güter.

Die Briten rieben sich die Hände. Auch bei ihnen hatte das Sprichwort Gültigkeit, daß Geschenke die Freundschaft erhalten. So landeten viele der schönen und guten Dinge wieder und diesmal endgültig bei den Rothäuten. Die Indianer freuten sich nochmals, nachdem sie bereits zuvor sowohl im Einkauf wie im Verkauf erheblichen Gewinn herausgeschlagen hatten.

Harrison jedoch verfolgte die größere Beute: Ihm ging es um das Land. Er versuchte, die Unterführer der Miami und Potawatomi mit weiteren Geschenken zu korrumpieren. Auf die bereits zuvor praktizierte billige Art und Weise der Bestechung wollte er die weiße Dominanz festigen und sein eigenes Schäfchen ins trockene bringen. Alles wäre in seinem Sinne gelaufen, wenn da nicht diese beiden Brüder, der »Prophet« und der »Aufwiegler«, gewesen wären. Allerdings glaubte Harrison, von dem »Propheten« gehe die größere Gefahr aus.

Dann trat ein Ereignis ein, das Harrisons schlimmste Befürchtungen zu bestätigen schien. Tecumseh hatte in Erfahrung gebracht, in naher Zukunft, exakt am 17. Juni 1806, würde eine totale Sonnenfinsternis eintreten.

Er informierte seinen Bruder Tenskwatawa. Der erkannte seine Chance und nutzte sie: Mit großem Pomp und geheimnisvollen Zeremonien verkündete der Prophet, daß Manitou ihn als seinen Stellvertreter auf Erden ausersehen und ihm gestattet habe, nach Belieben den Wuchs des Grases anzuhalten, den Tag in die Nacht zu verwandeln, die Sterne am hellen Mittag erscheinen und die Sonne verschwinden zu lassen.

Tenskwatawa traf seine eigenen grotesken Vorbereitungen: Er zog sich eine grellfarbige Kappe über den Kopf und bemalte sein Gesicht mit roter und weißer Farbe. Er nahm seine Augenklappe, die ihm von einem Händler geschenkt worden war, ab und setzte sich einen weißen Stein in die Augenhöhle. Er behängte sich mit Federn, Tierbälgen, Krähenfüßen, Rasseln und Silberringen.

Der Medizinmann zelebrierte einen Tanz mit einem absonderlichen Rhythmus und fremdartiger Schrittfolge. Dazu sang er in eintönigen, unverständlichen Worten und schlug eine kleine Trommel.

Die Indianer warteten in ängstlicher Spannung. Ihre Blicke wanderten im stetigen Wechsel zwischen dem

Medizinmann und dem Himmel hin und her: Dann, tatsächlich, wie zuvor angekündigt, trat das Ereignis ein! Die Sonnenfinsternis dauerte ganze sieben Minuten, während denen der Mond an dem Fixstern vorbeizog und seinen dunklen Schatten auf die Erde warf. Diese sieben Minuten genügten, um auch den allerletzten Zweifler unter den Rothäuten von den übernatürlichen Kräften des Propheten zu überzeugen.

Tecumseh nutzte das Prestige seines Bruders und intensivierte seine Bemühungen, die verschiedenen Stämme zu einer Einheit zusammenzuschweißen. Zwangsläufig führte das zu Konflikten mit manch einem etablierten Häuptling, der Macht und Einfluß bedroht sah. Doch Tecumseh hoffte, daß ein neuerlicher Krieg zwischen Briten und Amerikanern wie ein mächtiges Hochwasser alle Hindernisse hinwegschwemmen und alle Indianer in seinem Sinne mitreißen würde.

*

Im Jahr 1808 verschärften sich die Spannungen zwischen den USA und Britannien. Vor der Küste Virginias nahm die HMS »Leopard« die amerikanische Fregatte »Chesapeake« unter Feuer. Das Schiff wurde geentert und ein Teil der Crew gezwungen, in Zukunft auf den Seglern der Royal Navy zu dienen.

Gleichzeitig war den Amerikanern nicht verborgen geblieben, daß sich mehr und mehr britische Agenten unter den Indianern tummelten und diese zum Widerstand gegen die Langmesser aufstachelten.

Der Prophet verbreitete inzwischen, die Sonnenfinsternis sei eine unmißverständliche Ankündigung Manitous gewesen, daß das Ende der Welt nahe sei. Nur wer seinen Worten folge, hätte eine Chance. Nur wer sich auf die alten indianischen Tugenden zurückbesänne, dürfe wieder von den Toten auferstehen.

Den Amerikanern schien die von Tenskwatawa inszenierte und von Tecumseh geförderte Bewegung brisant und bedrohlich. Als zudem der Siedler Thomas Bowyer erschossen und skalpiert aufgefunden wurde, zog der Gouverneur von Ohio 2 000 Mann Miliztruppen zusammen, um dem erwarteten allgemeinen Aufstand der Rothäute zu begegnen.

Aber die Indianer blieben friedlich. In einem großen Council konnte Tecumseh den Gouverneur Kirker überzeugen: Der Mord sei ein bedauerliches, einzelnes Vorkommnis gewesen. Die Indianer seien weit davon entfernt, das Kriegsbeil gegen die Bleichgesichter auszugraben.

Tecumseh spielte auf Zeit. Er veranlaßte die Shawnee, ihr direkt unter den Augen der Weißen in der Nähe des Forts Greenville gelegenes Dorf aufzugeben und es weit entfernt von den Befestigungen der Langmesser an die Mündung des Tippecanoe Creek in den Wabash River zu verlegen. Danach ritt Tecumseh nach Kanada, um im britischen Fort Amherstburg an einem großen Council der Häuptlinge und Krieger der Nordweststämme teilzunehmen. Im Verlauf des Councils informierte der Superintendent of Indian Affairs William Claus die Häuptlinge, es werde noch Jahre dauern, bis es zur Kriegserklärung Britanniens käme.

Die allgemeine Stimmung war viel eher pro-britisch als pro-amerikanisch. Also tendierten die meisten Indianer zu einer abwartenden Haltung. Tecumseh war sich sicher: Sollten die Engländer losschlagen, käme es zu einer gemeinsamen Frontstellung aller Stämme gegen die Amerikaner.

Obwohl er nicht den Status eines Häuptlings oder herausragenden Führers hatte, sahen die Briten in Tecumseh den Mann, auf den es ankam. Aber der Shawnee warnte seine künftigen Verbündeten: Sie sollten sich ihrer nicht zu sicher fühlen. Der nach der Niederlage in den Fallen Timbers vor Fort Miamis erlittene schmachvolle Verrat sei unvergessen.

Darauf nannte Tecumseh seine Bedingungen: Falls nicht ausreichend Waffen, Munition, Kleidung, Verpflegung geliefert würden, falls keine schlagkräftige Truppe Regulärer mit einer starken Artillerie-Abteilung entsendet würde, dann wolle er seinen ganzen Einfluß geltend machen, daß sich die Indianer bei der kommenden Auseinandersetzung neutral verhielten.

Der an dem Council teilnehmende General Gore war beeindruckt von der Festigkeit und der Bestimmtheit, mit der sein indianischer Verhandlungspartner auftrat. Im Namen der Krone versprach er Tecumseh, im Kriegsfall würden seine Bedingungen erfüllt. Bereits jetzt würden die Shawnee und ihre Freunde regelmäßige Zuwendungen an Munition, Verpflegung und Ausrüstungsgegenständen erhalten.

*

Tecumseh rüstete sich zu einer neuerlichen Reise. Diesmal besuchte er neben den Osage und anderen Stämmen seine im fernen Missouri lebenden Brüder und Schwestern, die sogenannten Apple Creek Shawnee.

Erfolg und Mißerfolg in seinen Einigungsbestrebungen hielten sich die Waage. Die Osage wiesen ihn zurück: Seit urdenklichen Zeiten befehdeten sie vor allem die Stämme auf der anderen, der östlichen Flußseite. Da nichts so dauerhaft ist wie eine altüberkommene Feindschaft, gelang es auch Tecumseh nicht, ihre Einstellung zu ändern. Aber die Kickapoo, die Potawantomie, die Sac, Fox, Iowa bestätigten ihm, sie seien entschlossen, den Kampf gegen die sich mehr und mehr ausbreitenden Weißen aufzunehmen.

Die Apple Creek Shawnee spürten mittlerweile am eigenen Leib, daß für die Weißen auch ein mächtiger Strom wie der Mississippi kein Hindernis darstellte. Sie fühlten sich gestört, eingeengt, in ihrem Bewegungsdrang behindert, mehr und mehr von ihren jagdlichen Ressourcen abgeschnitten. Zwei Fraktionen neutralisierten sich: Eine wollte dem Druck der Weißen weichen und weiter nach Westen ziehen, eine andere sich dem gemeinsamen Gegner stellen.

Tecumsehs Reputation war mittlerweile tiefverwurzelt, seine Worte fanden große Beachtung. Bei seiner Rückkehr mußte er jedoch feststellen, daß sein Bruder, der Prophet Tenskwatawa, seine eigenen - in Tecumsehs Augen verfrühten - Kriegsvorbereitungen traf. Er hatte 500 Krieger um sich versammelt und hielt sich zum Marsch auf Fort Vincennes bereit. Er hatte versprochen, die hölzerne Feste mit seiner Magie zu überziehen, die Rohre ihrer Kanonen kraft seiner Medizin zu verstopfen, die Musketenkugeln von ihrem Ziel abzulenken und die Palisaden zu brechen.

Den Amerikanern waren die Kriegsvorbereitungen nicht entgangen. Sie setzten sofort zur Verstärkung der Besatzung des bedrohten Forts einige Kompanien Miliz in Marsch.

Tecumseh mußte seinen gesamten Einfluß aufwenden, die indianische Streitmacht zurückzuhalten und die Amerikaner weiter in Sicherheit zu wiegen.

Harrison nutzte die Ruhepause und schacherte Mitte des Jahres 1809 den Miami, Potawatomie und Delaware ein weiteres mächtiges Stück Land ab. Es handelte sich um ein beiderseits des Wabash River gelegenes Territorium von fast einer Million Hektar.

Tecumseh kochte vor Enttäuschung und Wut über diesen Handel. Die Domäne der Weißen war jetzt nahe, für seine Begriffe viel zu nahe an die neue Tippecanoe-Siedlung herangerückt.

Während des ganzen Jahres 1810 strömten immer mehr Krieger nach Tippecanoe. Einerseits wollten sie die Predigten des Propheten Tenskwatawa hören, andererseits mit Tecumseh konferieren. Wampuns wurden überreicht und Councils abgehalten. Einer der Unterhäuptlinge, der für den letzten schmählichen Landhandel mit Harrison mitverantwortlich zeichnete, wurde abgeurteilt und exekutiert. Man kam überein, zu einem gegebenen günstigen Zeitpunkt gegen die Langmesser das Kriegsbeil auszugraben.

Die Amerikaner wurden immer nervöser, während sich die Indianer aggressiver denn je gebärdeten und den Siedlern quasi unter den Palisaden der schützenden Forts ihre Pferde wegstahlen.

Um den Frieden in letzter Minute zu retten, trafen sich Harrison und Tecumseh im August des Jahres 1810. Die verbalen Auseinandersetzungen und gegenseitigen Beschuldigungen hätten um ein Haar zu Blutvergießen geführt. Das Treffen wurde ergebnislos abgebrochen, Tecumseh und seinen Leuten freier Abzug gewährt.

Die Kriegsgerüchte verdichteten sich indessen immer mehr. Fraglich war nur noch der Zeitpunkt, zu dem die Kampfhandlungen zwischen Briten und Amerikanern beginnen würden. Tecumseh entschloß sich schweren

Herzens zu einer abwartenden Haltung, um dann auf die Rotröcke als Bundesgenossen zu bauen. Er hatte keine andere Wahl angesichts der Wankelmütigkeit so mancher Häuptlinge der nördlichen Stämme. Aber die Briten zeigten sich weiter zögerlich.

Nach einem zweiten, ebenfalls ergebnislosen Council mit Harrison nutzte Tecumseh die Zeit, neue Bundesgenossen zu suchen. Er reiste nach Süden, um die mächtigen und zahlreichen Stämme der Creek und der Cherokee zu besuchen und für seine Sache zu gewinnen. Er wollte auch die Chickasaw, die Alabama, Seminole und Choctaw besuchen und überzeugen.

Wie schon zuvor war die Aufnahme geteilt. Unter den jungen Kriegern fand der Shawnee viele Anhänger und begeisterten Enthusiasmus. Aber die älteren Häuptlinge oder »mingoes« fürchteten um ihre Positionen und ihren Einfluß. Tecumseh versuchte, das tiefverwurzelte Mißtrauen, die uralten Feindbilder, die Eifersüchteleien untereinander zu bekämpfen und das Überlegenheitsgefühl abzubauen, das die »zivilisierten« Stämme des Südens gegenüber den »Barbaren« des Nordens hegten.

Die größte Enttäuschung bereiteten ihm die Cherokee. Sie schickten dem Shawnee eine Gruppe von Kriegern entgegen. Es war kein Empfangskomitee. Häuptling Stonahajo verbot Tecumseh und seiner Begleitung, Cherokee-Territorium zu betreten. Er habe das Kriegsbeil begraben und lebe mit den Weißen in Frieden. Sollte Tecumseh trotz seines Verbots den Versuch unternehmen, sich seinen Dörfern zu nähern, werde man ihn unnachsichtig töten. Dennoch schloß sich eine Gruppe von etwa 50 jungen Cherokee-Kriegern dem Shawnee an und begleitete Tecumseh zu den ebenfalls mächtigen Creek.

Hier verzeichnete Tecumseh ungeachtet der widerstrebenden Haltung der Häuptlinge einen Teilerfolg: Josiah Francis, ein zum Kriegshäuptling aufgestiegenes Halbblut, schlug sich samt einer anderen Kriegerfraktion auf seine Seite und versprach, er werde zum gegebenen Zeitpunkt den allgemeinen Aufstand gegen die Weißen mittragen.

Bei einem neuerlichen Besuch bei den jenseits des Mississippi lebenden Osage fand Tecumseh nach anfänglicher Zurückhaltung offenere Ohren. Doch dann entschieden die Ältesten sich gegen eine Beteiligung an einer gemeinsamen indianischen Front gegen die Weißen. Die Osage waren seit Generationen von Feinden der eigenen Rasse umgeben und lebten mit allen Nachbarn im permanenten Kriegszustand. Wie sollten sie sich verteidigen, wenn die Mehrzahl ihrer Krieger weit weg von den eigenen Jagdgründen operieren und ihre Dörfer den auf eine solche Gelegenheit wartenden Feinden schutzlos preisgeben würde?!

Während des abschließenden Besuchs bei seinen vor Jahren in die Missouri-Region abgewanderten Stammesbrüdern und -schwestern erhielt Tecumseh die letzte Bestätigung, daß alle Einigungsbestrebungen der indianischen Völker eine Utopie bleiben sollten. Zu tief reichten die Wurzeln der überkommenen Feindschaften in das Erdreich hinab, zu hoch waren die Palisaden des egoistischen Denkens, mit der sich die scheinbar Mächtigen und Einflußreichen umgeben hatten. Viel zu geschickt waren die Weißen gewesen, die es immer wieder verstanden hatten, einzelne Stämme in Sicherheit zu wiegen, um ihnen dann mit sanfter Doppelzüngigkeit oder alles niederwalzender Gewalt ihren Besitz zu nehmen oder sie gänzlich zu zerstören.

Gewiß gab es ganze Fraktionen und viele einzelne Gruppen, die sich Tecumseh anschließen, die bedingungslos die Weißen bekämpfen wollten. Doch die Mehrheit würde abseits stehend abwarten, einige Stämme Tecumseh gar offen bekämpfen. In ihm mag sich sogar die Befürchtung verstärkt haben, daß seine Einigungsbestrebungen die Stämme noch weiter in sich spalten, daß seine Mission letztendlich zu noch mehr Haß und Zwietracht untereinander führen könnte. Aber der Shawnee war weit davon entfernt, zu resignieren.

*

Während der Abwesenheit seines berühmten Bruders Tecumseh tat der einäugige Prophet Tenskwatawa alles, um sich selbst weiter zu profilieren. Trotz strikter Anweisung, die Weißen nicht zu provozieren, bestärkte Tenskwatawa eine Gruppe von jungen Kriegern in der Absicht, weißen Siedlern ihre Pferde zu stehlen. Die Aktion hatte den gewünschten und vorausgesagten Erfolg.

Wenige Tage später erschienen anderthalb Dutzend schwerbewaffnete Männer im Dorf Tippecanoe und verlangten die Herausgabe der geraubten Tiere. Die Diebe beugten sich der Gewalt und erstatteten das gestohlene Gut zurück.

Kaum waren die Weißen verschwunden, befragten die düpierten Pferdediebe einmal mehr Tenskwatawa und damit das Orakel: Wenn es die Verfolgung der Weißen und die Wiederbeschaffung des Raubes als erfolgversprechend ansah, dann würde man das zuvor gespielte Spiel nicht nur wiederholen, sondern auch Gewalt anwenden.

Der Prophet zögerte nicht lange. Er versprach eine noch größere Beute, soweit sich ausreichend Krieger der Verfolgung der Bleichgesichter anschlössen.

Die Situation eskalierte: Die Indianer nahmen den Weißen nicht nur die vordem gestohlenen Pferde wieder ab, sie raubten auch ihre gesamte übrige Habe.

Die Amerikaner packten daraufhin den großen Hammer aus und näherten sich mit einer Armee von über 1000 Mann unter William Henry Harrison dem Dorf Tippicanoe.

Unter Tenskawatawas Gefolgschaft befanden sich nicht mehr als 350 Krieger. Also mußte einmal mehr die Magie helfen, um den Sieg herbeizuführen. Tenskawatawa schlug die Trommel, rüttelte die Rassel; er tanzte, stieß unartikulierte Laute aus, schien in Trance zu verfallen. Dann verkündete er, der Große Geist habe die Shawnee-Krieger kugelfest gemacht. Die Geschosse der Langmesser würden durch sie hindurchgehen, ohne den geringsten Schaden anzurichten. Er selbst werde einen Fels in der Nähe des vorgesehenen Schlachtfeldes besteigen. Solange er die Trommel schlüge, ständen die Krieger unter dem besonderen Schutz des Großen Geistes. Mit seiner Hilfe würden sie den Feind vernichten.

Entgegen ihrer Gewohnheit griffen die Indianer noch in der Nacht an. »Es war so dunkel«, berichtete später ein Veteran, »daß man die Hand ausstrecken und fühlen mußte, ob es sich um Freund oder Feind handelte.«

Für alle vernehmbar schlug Tenskwatawa die Trommel. Obwohl auch unter den Indianern Tote zu beklagen waren, setzten sie ihren Gegnern schwer zu. Doch als es dämmerte und die Vorderlader der Langmesser immer häufiger ihre Ziele fanden, als sich die Verkündung des Propheten, der Große Geist hätte seine Kinder kugelfest gemacht, als Schimäre erwies, als dann auch die Trommel Tenskwatawas verstummte, machten sich erst Kleinmut, dann Angst, Enttäuschung und Panik breit. Die indianischen Krieger merkten jetzt, daß sie zu schwach waren, diesen Gegner zu besiegen. Sie lösten sich von ihren Feinden und verschwanden scheinbar spurlos in den Wäldern.

Harrison hatte 64 Soldaten verloren, weitere 120 waren verwundet worden. 38 tote Indianer blieben auf dem Schlachtfeld.

Danach verbrannten die Weißen die schutzlose Siedlung Tippecanoe, vernichteten einmal mehr die Ernten, die Vorräte – den ganzen Besitz der Shawnee. Schlimmer noch: Die schmähliche Niederlage sprach sich herum. Tenskawatas und damit auch Tecumsehs Prestige wurde schwer erschüttert.

Als letzterer Wochen nach der Schlacht bei Tippecanoe zu seinem Stamm zurückkehrte, stand er nicht nur vor den rauchenden Resten der Shawnee-Siedlung, sondern auch vor den Trümmern seiner langjährigen Mühen. Er stand vor einem Scherbenhaufen, den ihm sein eigener Bruder bereitet und hinterlassen hatte.

Tecumseh dachte einen Augenblick daran, Tenskawata mit eigener Hand zu töten. Doch dann überlegte er es sich anders. Er verstieß den Einäugigen. Der Prophet versank in Bedeutungslosigkeit.

Tecumsehs Vertrauen in die gemeinsame Kraft aller indianischen Stämme war endgültig erschüttert. Nur mit Hilfe der Briten würden seine Brüder und Schwestern ein freies und würdevolles Dasein führen können. Aber diese Bleichgesichter verfolgten ihre eigenen Ziele. Nur wenn sich diese mit denen der Rothäute deckten, würde er mit der rückhaltlosen Unterstützung der Rotröcke rechnen können.

Die andauernden Spannungen zwischen Briten und Amerikanern führten Mitte des Jahres 1812 zum offenen, erklärten Krieg. Der indirekte Anlaß lag einmal mehr jenseits des Atlantik: England sah sich als letztes Bollwerk gegen Napoleons Eroberungsfeldzüge, die praktisch ganz Zentral- und Südeuropa in die Hände des Korsen gespielt hatten. Sie hatten die an allen Fronten siegreichen französischen Armeen im Osten bis nach Moskau geführt. Doch über allen Sieben Meeren flatterte wie eh und je uneingeschränkt der Union Jack. »Britannia rules the waves« - die Royal Navy beherrschte die Handelswege zu Wasser. Sie blockierte nicht nur erfolgreich die europäischen Küsten, sie versuchte auch jeglichen transatlantischen Handel zwischen den USA und Frankreich zu unterbinden. Die Royal Navy enterte amerikanische Schiffe, konfiszierte die Waren und preßte ihre Mannschaften zum Dienst unter dem Union Jack.

Auf der anderen Seite sahen die inzwischen 18 Bundesstaaten eine Chance, die einstige Kolonialmacht vollständig aus Nordamerika, das heißt auch aus Kanada zu vertreiben und sich den Rest des Kontinents einzuverleiben. Die Amerikaner wußten die britische Armee hoffnungslos in der Unterzahl: »Die Einnahme Kanadas ist nichts weiter als eine Frage der Marschleistung unserer Truppen«, erklärte ihr Präsident Thomas Jefferson.

Aus der Warte der Militärs betrachtet, sollte dieser Krieg das werden, was die Franzosen als »drôle de guerre«, als eine merkwürdige, mindere Form des Krieges betrachteten. Für die Indianer des östlichen Waldlandes war es der letzte Schritt zum Rand des Abgrundes.

Die entscheidende Schlacht am Thames River

Am 18. Juni 1812 feierten im Fort George am Niagara River die britischen Offiziere mit ihren amerikanischen Kollegen von der anderen Seite des Flusses ein Bankett, bei dem es hoch und freundschaftlich herging. Wie eine Bombe platzte die Depesche in die feucht-fröhliche Gesellschaft, daß der Krieg zwischen beiden Mächten förmlich erklärt worden war. Für einen Augenblick herrschte betretenes Schweigen. Dann schlug einer der Beteiligten vor: »Heute wird weiter gefeiert, totgeschossen wird erst morgen.«

Nach dem Bankett geleiteten die Briten - perfect gentlemen - die Amerikaner zu ihren Booten. Als diese abgelegt hatten, feuerten die Gastgeber ihre Gewehre ab. Sie ehrten ihre Gäste mit einem letzten Salut. Erst ab morgen früh sollte gezielt geschossen werden.

Tecumseh war zum Zeitpunkt der Kriegserklärung mit einer Abteilung von 300 Kriegern auf dem Weg nach Amherstburg in Kanada. Gleichzeitig marschierte der amerikanische General Hull mit einer Armee von 2200 Mann in diese Richtung. Tecumseh sah endlich seine Chance gekommen, mit Hilfe der Engländer der erdrückenden Umklammerung durch die Siedler zu begegnen, die Bedrohung ihrer blauberockten Soldaten abzuwehren, womöglich sogar die Weißen auf ihre Position hinter den Appalachen zurückzuwerfen. Er zögerte keinen Augenblick und stellte sich und seine Leute in den Dienst der Briten. Auch andere Stämme gruben das Kriegsbeil aus und schlugen sich auf die Seite des Shawnee. Es dauerte nur Tage, und die beachtliche Streitmacht von 1000 roten Kriegern war zusammengeströmt.

Damit standen der Marschkolonne von General Hull 300 reguläre Rotröcke, 800 kanadische Miliztruppen und 1000 rote Krieger gegenüber. Hull hatte sich auf der anderen Seite durch die 300 Mann starke Garnison des inzwischen amerikanisch gewordenen Forts Detroit verstärkt.

Die feindlichen Armeen standen sich tagelang bewegungslos gegenüber. Die Briten sahen keinen Grund, anzugreifen, die Amerikaner wollten weitere Verstärkung und Nachschub abwarten – oder sie trauten sich nicht.

Die Indianer wurden ungeduldig. Viele kehrten in ihre Dörfer zurück. Gleichzeitig lockte Gouverneur Harrison mit einem großen Council, mit Bergen von Geschenken, mit Strömen von Whisky, um möglichst viele Rothäute auf seine Seite zu ziehen. Seine Bemühungen hatten zwar nicht den gewünschten Erfolg, doch einmal mehr zeigten sich Risse in der Front der Eingeborenen.

Ihre Motive waren zwar andere, doch die kanadischen Hilfstruppen der Engländer schmolzen ebenfalls dahin. Die Milizsoldaten sahen die Zeit der Ernte herannahen. Sie waren der Ansicht, daß sie eher auf den heimischen Farmen gebraucht wurden, statt in Amherstburg untätig herumzulungern. Hätte der Amerikaner Hull zu diesem Zeitpunkt entschlossen angegriffen, Amherstburg einschließlich seines Forts Malden wäre ihm wie eine reife Frucht in die Hände gefallen. Der Weg in die Weiten Kanadas wäre offen gewesen.

Lediglich eine amerikanische Vorhut unternahm einen halbherzigen Vorstoß, den Tecumseh mit 80 Kriegern abwehrte. Auch die folgenden Gefechte wurden von beiden Seiten ohne großes Engagement geführt. Tecum-

Tecumseh in seinen letzten Lebensjahren

seh konnte sich mehrfach auszeichnen. Er galt alsbald bei den Engländern als der »General der Rothäute«. Die Amerikaner vermuteten überlegene Kräfte auf der gegnerischen Seite und zogen sich hinter die Mauern des Forts Detroit zurück. Es entwickelte sich eine Pattsituation zwischen zwei Gegnern, von denen einer sich nicht traute und der andere keinen Anlaß sah, zuzuschlagen.

Das alles sollte sich ändern, als bei den Briten General Isaac Brock das Kommando übernahm. Er war ein Koloß von einem Mann, zweieinhalb Zentner schwer. Einer, der zuhörte, der nachdachte und dann kompromißlos zuschlug.

Brock beschloß, die überlegenen Truppen der Amerikaner in Detroit anzugreifen. Durch abgefangene Kuriere wußte er, daß sein Gegenüber auf der anderen Seite Tausende zügelloser, blutdürstiger indianischer Krieger vermutete, daß Hull von einer panischen Angst vor der Mordlust dieser »Wilden« besessen war. Darauf baute Brock seinen Plan auf.

Als Hull seine Aufforderung zur Kapitulation zurückwies, rückte Brock mit seinen Truppen vor. Zu ihnen gehörten 700 rote Krieger unter Tecumsehs Kommando. Die Indianer drangen in die Siedlung ein, stießen aber auf keinerlei Widerstand. Die Zivilisten verkrochen sich ängstlich in ihren Hütten, die Soldaten versteckten sich hinter den Mauern des Forts.

Brock brachte seine Artillerie in Stellung und ließ die eigentliche Befestigungsanlage unter Feuer nehmen. Eine Kanonenkugel schlug in die Privatgemächer des Generals ein und erschreckte seine Frau und Tochter fast zu Tode. Als dann die Einschläge der Kanonenkugeln dichter wurden, als das durch Mark und Bein dringende Kriegsgeschrei der Indianer immer näher kam, verlor

Hull die Nerven und ließ die weiße Flagge hissen. Man schrieb den 16. August 1812.

Am Vortag war bereits Fort Dearborn kampflos geräumt worden. Doch die Truppe – Soldaten und Zivilisten – marschierte in einen Hinterhalt indianischer Krieger. 86 wurden getötet, der Rest gefangengenommen.

Diese Siege der Rotröcke und der mit ihnen verbündeten Indianer zogen die noch abwartenden Stämme auf die Seite der Briten. An der Grenze, in Michigan, Ohio, Illinois und Indiana, brach die Hölle los. Tecumsehs Autorität konnte ein Massaker unter den Gefangenen in Detroit verhindern, doch an anderen Fronten wurde weder Mann, Frau noch Kind geschont. Es kam zu bestialischen Grausamkeiten. Unter den Siedlern breiteten sich einmal mehr Angst und Schrecken aus.

Doch hinter der Front griff das amerikanische Volk zu den Waffen und schrie nach Rache und Vergeltung. Virginia schickte 1500 Bewaffnete, Kentucky 6000, Pensylvania 1500 und so weiter und so fort. James Winchester wurde Hulls Nachfolger und Oberkommandierender im Nordwesten und Tecumsehs Antagonist Harrison sein Stellvertreter.

In ihrem Siegesrausch griffen die Indianer in den ersten Septembertagen Fort Wayne und Fort Harrison an. Ebenso wurden die Forts Madison und Belle Vue am Mississippi attackiert. Doch ohne Artillerie-Unterstützung hatten die Rothäute keine Aussicht, die Befestigungen einzunehmen. In ihrer Wut wandten sich die Kickapoo und Miami gegen die kleine Siedlung Pigeon Roost Creek und massakrierten 22 Männer, Frauen und Kinder.

Aus Detroit wurde General Brock zurückversetzt an die Niagara-Front, wo er wenige Wochen später fiel. An seine Stelle trat Brigadegeneral Henry Proctor. Im

Gegensatz zu seinem Vorgänger, der oft und lange mit Tecumseh konferiert hatte, betrachtete Proctor die Indianer als notwendiges, doch lästiges Übel. Zwischen ihm und Tecumseh oder den anderen indianischen Führern wurden kaum Gespräche geführt.

Das Blatt begann sich zu wenden, das Kriegsglück der britisch-indianischen Allianz verflüchtigte sich. Am Anfang stand ein unglücklicher Vorstoß von 700 Kriegern und 250 Engländern mit einer Artillerie-Abteilung in südlicher Richtung. Späher überbrachten die Nachricht, daß sich General Harrison mit einer starken Truppe von 2 500 Mann auf sie zubewegte, daß gleichzeitig sein Oberbefehlshaber James Winchester mit knapp 1 000 Soldaten im Anmarsch sei. Der Kommandierende der Briten, Major Muir, gab sofort das Kommando zum Rückzug. Die indianischen Verbündeten verließen Tecumseh und kehrten in ihre Dörfer zurück.

Es kam noch schlimmer: Eine Abteilung von 1200 Kentucky-Milizen zog den Wabash River hinauf und zerstörte systematisch Camps und Dörfer der Indianer, darunter wieder einmal Tippecanoe. Wie üblich verbrannte das Militär alle Vorräte, die die Eingeborenen nicht abtransportieren konnten.

General Harrison beorderte zusätzlich Colonel John Campbell zu einem Feldzug gegen die Miami. Campbell ließ auch deren Dörfer zerstören. Als sich der Rest der Krieger zum Kampf stellte, wurden sie von den weit überlegenen Amerikanern niedergemacht. Die Überlebenden flüchteten in die Obhut anderer Stämme. Damit endete die Existenz des einst mächtigsten Algonquin-Stammes im damals »Northwest« genannten Territorium.

Doch es sollten wieder bessere Nachrichten kommen, wenn auch nicht auf Dauer: Im Januar 1813 hatte Proctor eine Abteilung seiner Truppen angewiesen, die wohlhabende und unbefestigte Siedlung Frenchtown zu besetzen und als Winterquartier zu nutzen. 400 Indianer sollten sie dabei unterstützen.

Das Vorhaben gelang, aber einige der Einwohner konnten den amerikanischen Oberbefehlshaber Winchester alarmieren, der nur 36 Meilen weit entfernt mit seinen Truppen kampierte.

Winchester, der ebenfalls nach einem warmen und gemütlichen Winterquartier Ausschau hielt, gelang der Coup. Er trieb die Briten und Indianer wieder aus der Siedlung heraus.

Brigadegeneral Proctor verlor keine Zeit und setzte eine schlagkräftige, insgesamt 1300 Mann starke gemischte Truppe in Marsch, das verlorene Terrain zurückzuerobern. Den Briten und Indianern gelang es, die Amerikaner zu überraschen. Sie nahmen deren Oberkommandierenden, General Winchester, gefangen. Obwohl Proctor seinem Widersacher versprochen hatte, alles in seiner Macht Stehende zu tun, um die verwundeten Amerikaner zu schonen, schleppten die Indianer die hilflosen Männer in zwei Häuser, die sie in Brand steckten. Ähnlich verfuhren sie mit jedem ihrer Gefangenen, der auf dem Marsch nach Amherstburg zurückzubleiben drohte: Er wurde unnachsichtig erschlagen und skalpiert. Erst die vehement eingreifenden Briten vermochten ein noch größeres Massaker zu verhindern und die Zahl der Opfer auf 80 zu beschränken.

Sicher wie das Amen in der Kirche folgte auf diese Aktion die Reaktion der Amerikaner: Harrison, der den Oberbefehl an der Nordwestfront übernommen hatte, wurde bestürmt, Amherstburg und das Fort Malden einzunehmen, den Weg nach Kanada zu öffnen und damit dem Krieg die entscheidende Wende zu geben. Mit 1800 Mann marschierte der General nach Norden. Ganz in der Nähe des alten Fort Miamis, am Fuß der Maumee Rapids, ließ er eine große, starke Befestigung, das Fort Maigs, erbauen. Es sollte als Ausgangspunkt für seine späteren Operationen dienen.

Proctor erkanntc die Gefahr und plante sorgfältig seinen Gegenzug: den Angriff auf Fort Maigs. Für die Belagerung drillte er rund 1000 Mann. Etwa die Hälfte waren reguläre Truppen, der Rest Milizionäre. Tecumseh sollte die Streitmacht mit 1000 Kriegern unterstützen.

Im April 1813 ließ Proctor seine Armee über den Erie-See bis zur Mündung des Maumee River verschiffen, dort in Flußboote verladen und sie mit der Artillerie bis zu den Ruinen des alten Fort Miamis schaffen. Die Indianer nahmen den Landweg.

Endlich, zu Beginn des Monats Mai, waren die Vorbereitungen abgeschlossen. Das den Sturm vorbereitende Bombardement konnte beginnen. Vor allem Tecumseh wartete ungeduldig auf die Gelegenheit, seinem verhaßten Gegner Harrison eine Niederlage zuzufügen.

Zur Überraschung der Briten und Indianer zeigte die Kanonade wenig Wirkung: Die Palisaden bogen sich unter der Wucht der Geschosse, aber das noch grüne, saftige Holz federte die Kanonenkugeln ab. Es bog sich, doch es brach nicht.

In diese Situation platzte die Nachricht, daß eine amerikanische Entsatz-Armee von 1200 Mann in Booten den Maumee River hinunterkam. Tecumseh wollte sich mit seinen Kriegern sofort dem neuen Feind entgegenwerfen, doch Proctor lehnte ab. Seine Begründung: Eine solche Aktion würde den Ring der Belagerer schwächen und seine Artillerie möglichen Ausfällen schutzlos preisgeben.

Als hätte er es geahnt: Harrison hatte einen Ausfall angeordnet, um eine der Batterien zum Schweigen zu bringen. Aber die Verteidiger hielten stand, zwangen die Amerikaner zum Rückzug.

Der guten Nachricht folgte wieder eine schlechte und dieser wiederum eine gute: Die Entsatz-Armee der Amerikaner kam nur teilweise per Boot. Ein beträchtlicher Teil der Soldaten war über Land marschiert und hatte die oberhalb Fort Maigs stationierten Indianer unerwartet schnell angegriffen. Die Amerikaner zwangen die Rothäute zum Rückzug. Sie eroberten eine der beiden Belagerungsbatterien und machten die Kanonen unbrauchbar. Als jedoch Tecumseh mit seinen Leuten vor Ort auftauchte, kam der Vorstoß der Amerikaner zum Stehen. Die Blauröcke hielten eine Weile stand, dann traten sie den Rückzug an. Tecumsehs Kriegern gelang es, einen großen Teil der flüchtenden Soldaten zu stellen. 200 Amerikanern gelang es zu entkommen, die anderen wurden niedergemacht oder gefangengenommen. Glück hatten lediglich die Langmesser, die den Briten in die Hände fielen: Die Indianer massakrierten reihenweise ihre waffen- und wehrlosen Gefangenen. Brigadegeneral Proctor sah unbewegten Gesichts und offensichtlich hilflos der Metzelei zu. Sie dauerte an, bis Tecumseh am Ort des Blutbades eintraf und dem Massaker ein Ende bereitete.

Die amerikanische Entsatz-Armee war praktisch vernichtet. Sie hatte 300 Tote und 500 Gefangene verloren. Lediglich 200 Mann hatten sich gerettet.

Trotz dieses Sieges erwiesen sich die Indianer als alles andere als eine gut gedrillte, geduldig auf ihren Einsatz wartende Belagerungstruppe. Mochte Harrison in seinem Fort tun, was er wollte, die Rothäute zog es nach Hause. Sie wollten von ihrem glänzenden Sieg berichten, die erbeuteten Skalps, Waffen und Ausrüstungen vorzeigen. Vielleicht hatten sie auch vorerst genug vom Kriegsspiel. Sie ließen sich jedenfalls nicht aufhalten. Da viele der kanadischen Milizionäre ebenfalls die Zeit für gekommen ansahen, zu Hause nach dem Rechten zu sehen, löste sich auch diese Truppe auf.

Proctor brach die Belagerung ab. Tecumseh hatte keine andere Wahl, als mit dem ihm verbliebenen Rest seiner Krieger die Walstatt zu verlassen. Es war ihm nicht gelungen, seinen Erzfeind Harrison zum direkten Kampf zu stellen.

Doch die Kunde von dem großen, wenn auch keineswegs entscheidenden Sieg lief wie ein Lauffeuer von Stamm zu Stamm, von Wigwam zu Wigwam. Viele bislang noch abwartende Krieger zog es an Tecumsehs Seite, wodurch die Verluste durch die Heimkehrer mehr als nur wettgemacht werden konnten. Im Juli 1813 kampierten rund um Detroit und Amherstburg nicht weniger als 3 500 indianische Kämpfer.

Tecumseh brannte darauf, mit dieser Streitmacht die Belagerung von Fort Maigs wiederaufzunehmen. Der ihm verhaßte Harrison befand sich immer noch hinter den Palisaden. Aber er hatte nach wie vor einen starken, intakten Truppenteil zur Verfügung. Dieser Ehrgeizling und spätere Präsident der USA stellte sowohl für die Briten wie auch die Indianer eine äußerst ernstzunehmende Bedrohung dar. Sie wurde noch durch die Bemühungen des Generals verstärkt, abtrünnige Shawnee, Delaware, aber auch die irokesischen Seneca mit Versprechungen und Geschenken auf seine Seite zu ziehen.

Für Proctor dagegen waren die rund um das britische Fort Malden lagernden Krieger ein Haufen Wilder, die ihm die Haare vom Kopf zu fressen drohten. Endlich, im

Juli 1813, gab Proctor sein Einverständnis für einen neuen Aufmarsch gegen Fort Maigs.

Tecumseh führte Mitte Juli die imposante Truppe von 3 000 Kriegern den Maumee River hinauf. Er hatte einen Plan ausgearbeitet, das Fort auch ohne Artillerie-Unterstützung einzunehmen. Proctor stellte wie zuvor 1000 Mann ab.

Harrison war nicht untätig geblieben: Er hatte die Befestigungen verstärkt, Kanonen installieren und innerhalb der Palisaden Gräben und Wälle anlegen lassen, um seine Leute besser vor Artillerie-Beschuß zu schützen.

Doch das sollte Harrison wenig helfen, wenn Tecumsehs Plan funktionierte. Der Shawnee hatte den Gefangenen der ersten Belagerung alle Uniformen abnehmen lassen und steckte nun die Krieger seines Vertrauens in amerikanische Uniformen. Sie sollten eine klug ausgeklügelte Show abziehen. Die Verteidiger des Forts sollten sie für eine amerikanische Truppe halten, die einen flüchtenden Gegner verfolgte. Tecumseh glaubte, mit diesem Trick einen großen Teil der Besatzung des Forts aus den Palisaden heraus- und in einen vorbereiteten Hinterhalt hineinzulocken. Gleichzeitig wollte er seine verkleideten Krieger durch die geöffneten Tore in das Innere der Befestigung einschleusen.

Die Amerikaner ließen sich jedoch nicht düpieren. Die Tore von Fort Maigs blieben geschlossen. Die Belagerung wurde abgeblasen. Wieder einmal verließ ein Drittel der Krieger enttäuscht den Ort des Geschehens. Viele Indianer machten sich auf den Heimweg.

Wenn der Griff nach der großen Beute vergeblich war, so sollte die Aussicht auf eine kleinere den Frust der Krieger vertreiben. Proctor und Tecumseh wandten sich mit dem immer noch respektablen Rest ihrer Mannschaften gegen das nahegelegene kleine Fort Stephanson. Hier standen ihnen nur 170 Verteidiger und eine einzige Kanone gegenüber.

Trotz des Bombardements durch die Artillerie hielt auch dieses Fort stand. Sowohl die Indianer als auch die Briten mußten sich nach schweren beim vergeblichen Sturm entstandenen Verlusten zähneknirschend zurückziehen. Viele der Indianer schworen daraufhin, nie wieder auf der Seite der Briten zu kämpfen.

Im September 1813 geschah immer noch nichts Entscheidendes. Aber Tecumseh war klar, daß sein Gegner Harrison nicht mehr lange warten würde, um die Initiative zu ergreifen. Die Amerikaner hatten inzwischen 8000 Mann zusammengezogen. Gleichzeitig begann durchzusickern, daß Proctor Amherstburg und Fort Malden aufgeben und sich in Richtung des Thames River im heutigen Ontario zurückzuziehen gedachte. Tecumseh war enttäuscht und wütend. Er verglich Proctor mit »einem fetten Hund, der seinen Schwanz nur so lange hochträgt, wie ihn niemand angreift. Aber dann steckt er ihn zwischen seine Beine und flüchtet«.

Proctor hatte seine Gründe: Nachdem die Amerikaner auf dem Erie-See die Oberhand gewonnen hatten und tun und lassen konnten, was sie wollten, würde es ihnen ein leichtes sein, die Briten in Amherstburg und Fort Malden wie eine Maus in einer Falle zu fangen. Weiter nördlich im offenen Gelände, so kalkulierte Proctor, hatte er zumindest die Chance zum geordneten Rückzug.

Tecumseh waren nur noch etwa 500 Krieger geblieben, die er um sich scharen konnte, als er mit Proctor nach Norden marschierte. Immer wieder wies der Indianer den Briten auf natürliche Verteidigungsstellungen hin, wo man die Geländeformationen für die Auseinandersetzung mit dem überlegenen Gegner ausnutzen konnte. Doch in seinem Rückwärtsdrang ließ sich Proctor nicht aufhalten. Er brachte immer neue Einwände gegen Tecumsehs Pläne vor.

Schließlich – nach fast drei Tagen – erklärte sich Proctor bereit, bei der Einmündung von McGregors Creek in den Thames River, an einer »Daltons Farm« genannten Mühle, seinen Rückzug zu stoppen und eine Verteidigungsstellung zu beziehen.

Dann überlegte es sich der Engländer doch noch einmal anders. Er zog sich – ohne seine indianischen Verbündeten zu informieren – weiter zurück. Tecumseh und 200 seiner Krieger hatten die Nase voll. Sie setzten die Brücke über den McGregor Creek in Brand und bereiteten sich auf die Konfrontation mit der amerikanischen Vorhut vor.

Lange brauchten sie nicht zu warten. Nachdem die Brücke sich als unpassierbar erwiesen hatte, versuchten Reiter aus Kentucky, den Bach zu furten. Das Feuer der Indianer zwang die Kavalleristen, abzusitzen und in Deckung zu gehen.

Die Amerikaner warteten den kommenden Morgen ab, um den Widerstand zu brechen und ihren Vormarsch fortzusetzen. Aber die Indianer setzten sich noch einmal ab, um zu den Briten aufzuschließen.

Proctor und Tecumseh trafen sich ein letztes Mal. Der Indianer hatte inzwischen nur noch die blanke Verachtung für den Briten übrig. Doch der besaß nur noch 600 Mann und eine kleine Kanone zur Verteidigung. Ihnen und Tecumsehs 500 Kriegern standen 3 000 Amerikaner gegenüber. Den Rest seiner Streitmacht hatte Harrison als Besatzungstruppen zurückgelassen.

Endlich schien auch der britische Oberbefehlshaber einen Platz gefunden zu haben, um die Amerikaner aufzuhalten. Es war ein Kutschenweg, begrenzt auf der einen Seite vom Thames River und auf der anderen durch einen Sumpf, dem sich ein schmales Waldstück anschloß, dem wiederum ein Sumpf folgte. Tecumseh empfahl Proctor, seine Verteidiger zu beiden Seiten des Weges auszudünnen. In ihrer jetzigen Massierung böten sie für den Angreifer ein gutes Ziel. Dann begab sich Tecumseh zu seinen Leuten.

Während der Vorbereitung auf den Kampf legte der Shawnee alle seine Insignien ab, die ihn als Anführer seiner Krieger identifizierten: eine große Medaille mit dem Porträt der britischen Majestät Georg III., sein Amulett, das er als Knabe aus dem Ohio gefischt hatte, sein Kopfband mit den beiden Federn, seine Silber-Armbänder. Daraufhin verteilte er seine Waffen unter den engsten Freunden. Er behielt nur seinen Vorderlader und seine Kriegskeule. Tecumseh unterschied sich nicht mehr von einem x-beliebigen indianischen Kämpfer.

Dann erschienen die Amerikaner auf der Bildfläche. Die erste Welle bestand aus zwei Dutzend Reitern, die unter dem heftigen Feuer der Indianer absitzen mußten. Ihnen folgte die eigentliche Vorhut von 140 Berittenen. Es kam zu einer heftigen Schießerei. Die Kavallerie sah sich für kurze Zeit im Vorteil. Als dann die Schießerei in Einzelfeuer überging, mußten beide Seiten Deckung suchen.

Das tragische Geschehen lief ganz unspektakulär ab. Eine Kugel traf ihr Ziel, sie traf Tecumseh. Der indianische Führer und Visionär wurde von einem unbekannten Schützen getötet. Es dauerte lange, bis die erfolgreichen Amerikaner das Ereignis registrierten.

Bis heute bleibt im Dunkel der Geschichte verborgen, ob es Tecumsehs Gefolgsleuten gelang, seine Leiche zu

Tecumsehs Tod – Das wahre Geschehen entspricht wohl kaum der Phantasie des Künstlers

verstecken, oder ob sie diese bei ihrer Absetzbewegung mitnahmen, um sie an einem geheimen Ort zu vergraben. Die sterblichen Überreste des großen Shawnee wurden trotz wild wuchernder gegenteiliger Spekulationen und umfangreicher Bemühungen nie gefunden.

Harrison stellte alsbald die Verfolgung der geschlagenen Briten ein und zog sich wieder in seine Ausgangsposition zurück. Der britische Oberbefehlshaber Proctor kam vor ein Kriegsgericht. Er verlor für ein halbes Jahr Rang und Sold und verschwand darauf im unübersichtlichen Dickicht der militärischen Administration.

Der Krieg endete mit einem Status quo. Den Amerikanern war es nicht gelungen, die Briten aus Nordamerika hinauszuwerfen. Umgekehrt mußte das Vereinigte Königreich mitansehen, wie ihm sowohl in wirtschaftlicher wie militärischer Hinsicht jenseits des Atlantik ein Rivale heranwuchs, der es 150 Jahre später als Weltmacht ablösen sollte.

Den höchsten Preis mußten einmal mehr die Indianer bezahlen. In ihrem ungehemmten Expansionsdrang vertrieben die Amerikaner die Waldindianer des Ostens bis auf wenige, unbedeutende Überreste aus ihren heimatlichen Jagdgründen und wiesen ihnen neue Siedlungsgebiete zu. Die gesetzliche Handhabe für diese Deportation lieferte der »Indian Removal Act« von 1830. Die neuen Siedlungsgebiete lagen jenseits des Mississippi im heutigen Oklahoma. Nur wenigen Shawnee gelang es, in Ohio zu bleiben oder dorthin zurückzukehren.

Aber auch im fernen Oklahoma kamen die Eingeborenen nicht zur Ruhe: Die Grenzen ihrer neuen Heimat, die Bestand haben sollten, »solange die Flüsse fließen und das Gras wächst«, wurden enger und enger gezogen. Oklahoma wurde zu einem Schmelztiegel der verschiedensten Stämme. Die unabhängigen, stolzen, einstigen Herren Amerikas fanden sich schließlich in kümmerlichen Reservaten wieder, ausgegrenzt von einem Dasein in Würde und Selbstachtung - ausgegrenzt von einer aggressiven Gesellschaft, die sich in ihrer Verfassung selbst ein Recht auf »pursuit of happiness«, auf das individuelle Lebensglück, garantiert.

Selbst wenn Tecumsehs Nachfahren ihre indianische Identität weitgehend verloren haben, es gibt die Shawnee immer noch. Die in Oklahoma lebenden bezeichnen sich als »Absentee Shawnee Tribe«, als die abwesenden, sprich: vertriebenen Shawnee. Die in Ohio verbliebenen oder dorthin zurückgekehrten nennen sich dagegen »Shawnee Nation United Remnant Band« - die vereinigten Überbleibsel der Shawnee.

Verwendete Literatur

Walter Arens/Hans-Martin Braun (Hg.): Die Indianer – Ein historisches Lesebuch, Beck'sche Reihe, München 1995

Wolfgang Behringer (Hg.): Lust an der Geschichte – Amerika – Die Entstehung einer neuen Welt, Serie Piper, München 1992

Pierre Berton: Flames Across the Border – 1813–1814, McClelland and Stewart, Toronto 1980

Pierre Berton: The Invasion of Canada – 1812–1813, McClelland and Stewart, Toronto 1980

Allan W. Eckert: The Frontiersmen, Bantam Books, New York 1967

Allan W. Eckert: A Sorrow in Our Heart, Bantam Books, New York 1967

Allan W. Eckert: Tecumseh, Bantam Books, New York 1967

Hans Läng: Kulturgeschichte der Indianer Nordamerikas, Lamuv, Göttingen 1994

Wolfgang Lindig/Mark Münzel: Die Indianer, dtv Wissenschaftliche Reihe, München 1978

John Sugden: Tecumseh's Last Stand, University of Oklahoma Press, Norman, Oklahoma 1985

Alexis de Tocqueville: In der nordamerikanischen Wildnis – Eine Reiseschilderung aus dem Jahre 1830, Reclam, Stuttgart 1960

Folgende Klassiker sind leider alle vergriffen, aber unter Umständen in guten Antiquariaten erhältlich:

Fritz Steuben: fünfbändige Ausgabe beginnend mit »Schneller Fuß und Pfeilmädchen«, Franckh Kosmos, Stuttgart 1931

Carl Waldman/Molly Braun: Atlas of the North American Indians, Facts on File, New York 1985

Time Life Books: diverse Ausgaben, unter anderem »The Great Chiefs« und »The Frontiersmen«, New York/Amsterdam

Robert Urley/Wilburn Washburn: The Indian Wars, Barnes & Noble, New York 1992

Über den Autor

Elmar Engel wurde 1933 im Saarland geboren. Nach dem (verkürzten) Besuch des Gymnasiums absolvierte er eine Lehre ... So beginnt sein Lebenslauf. Nichts deutete auf Außergewöhnliches hin.

Zusammen mit seiner Frau Brigitte stieg Elmar Engel aus, als noch keiner von Aussteigen sprach. Mit Kanu und Kajak trieben sie die Wildflüsse Europas hinunter. Dabei machten sie ihre ersten Gehversuche als Fotografen und Journalisten.

Als ihnen Europa zu eng wurde, gingen sie nach Kanada, befuhren die letzten ungezähmten Wildströme der Erde, lebten unter Indianern und Eskimos, berichteten in Wort und Bild über ihre Erlebnisse.

Heute, nach über 20 Jahren Abenteuer, großen Erfolgen, Beinahe-Katastrophen und manch herber Niederlage pendeln Brigitte und Elmar Engel immer noch zwischen ihrem Blockhaus in der Wildnis des kanadischen Nordens und dem »Schreibbüro« in Köln. Längst gehören sie zu den anerkannten, geschätzten und vor allem gern gelesenen Autoren. Die Palette ihrer Veröffentlichungen mit der Thematik Reise – Kanu – Abenteuer – Wildnis – Ureinwohner – Umwelt – Überleben umfaßt neben ihrer sonstigen Presse- und Fernseharbeit inzwischen gut zwei Dutzend Buchtitel. Nach wie vor leben die beiden den Großteil des Jahres in der Wildnis ihrer zweiten Heimat in Kanada ganz in der Nähe eines kleinen Indianerstammes.